WRITING & READING THAT CHANGE THE WORLD

세상을 바꾸는
글쓰기와 읽기

지은이

김화선 | 배재대학교 교수
김하윤 | 배재대학교 교수
박현이 | 배재대학교 교수
이희영 | 배재대학교 교수

세상을 바꾸는 글쓰기와 읽기

초판 1쇄 인쇄 2021년 8월 18일
초판 1쇄 발행 2021년 8월 25일

지은이 김화선, 김하윤, 박현이, 이희영

펴낸곳 인문과교양
주소 (02001) 서울시 중랑구 중랑천로 358-6
전화 02-3144-3740
팩스 031-655-3740

ⓒ2021, 김화선, 김하윤, 박현이, 이희영
ISBN 979-11-85939-82-7 (03700)

파본은 구입하신 서점에서 교환해 드립니다.
이 책은 저작권법에 의하여 보호를 받는 저작물이므로 무단 전재와 복제를 금합니다.

WRITING & READING THAT CHANGE THE WORLD

세상을 바꾸는 글쓰기와 읽기

김화선 · 김하윤 · 박현이 · 이희영

인문과교양
SINCE 2013

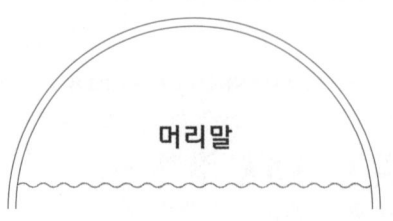

머리말

글쓰기를 바라보는 시선이 달라지고 있다. 자신의 생각을 명확하게 표현하는 것이 글쓰기의 전부라 여겼던 생각이 바뀌기 시작하면서, 글쓰기란 곧 자신의 세계를 넓히고 성숙해 가는 과정 그 자체라는 데 동의하는 사람들이 늘어났다. 실제로 SNS를 비롯한 다양한 디지털 네트워크 안에서 살아가는 현대인들에게 글쓰기란 자신의 존재를 확인하고 타인과 소통하는 도구이자 매체이며 삶의 기록이기도 하다. 그러므로 글을 쓰는 일은 마땅히 살아가는 일 자체라고도 할 수 있을 것이다.

이 책은 '읽기'와 '쓰기'가 별개의 과정이 아니라 '읽고 쓰기'로 연결된 하나의 과정이라는 생각에서 출발했다. 좋은 글을 쓰려면 '어떻게 표현해야 할 것인가'에만 집중할 것이 아니라 '무엇을 써야 할 것인가', '나의 생각은 무엇인가'에 대한 질문을 먼저 던져야 한다. 이러한 질문에 답하려면 우리가 살고 있는 사회를 이해하고 자신의 입장이 무엇인지도 알아야 한다. 그다음에 자신의 생각을 적절하게 표현할 수 있는 방법을 찾는 것이 바람직하다. 이렇게 텍스트를 읽으며 나를 성찰하고 세상을 이해하는 행위가 하나의 과정으로 진행될 때 비로소 진정한 글쓰기가 실현될 수 있다. 이 책은 이러한 관점에 따라 읽기와 쓰기를 순환하는 경로로 보고, 우리 학생들이 자기 자신과 타자, 나아가 세상과 소통하며 성장할 수 있도록 내용을 기획하였다.

'PART 1 글쓰기와 읽기'는 대학인의 글쓰기와 읽기에 연관된 이론으로 구성하였다. '글쓰기 기초와 윤리'를 비롯해 '주제가 있는 에세이 쓰기', '논리적인 보고서 쓰기', '대학인의 읽기'를 배치하여 대학생에게 필요한 읽기와 쓰기에 대한 이론을 배울 수 있도록 하였다.

'PART 2 세상과 소통하기'는 'SNS와 자기표현', '청춘과 꿈', '가족과 사랑', '예술과 문화', '고전과 삶의 지혜', '과학기술과 미래', '공동체와 역사'라는 일곱 가지 주제를 선정하고, 주제별로 두 편의 읽기 자료와 생각해 볼 문제로 구성하였다. 생각해 볼 문제는 '이해하기-분석하기-사유하기-표현하기'의 4단계로 설계하였다. '이해하기' 수준에서는 읽기 자료의 내용을 파악한 뒤 핵심어와 주제를 찾고 내용을 요약해 보는 활동을 진행하도록 하였다. '분석하기' 수준에서는 읽기 자료를 읽고 글의 구성 방식을 분석하거나 주장과 근거를 찾고 주제와 소재의 관계를 파악하는 등의 활동을 할 수 있도록 하였다. '사유하기' 수준에서는 정치·경제·사회·문화 등 다양한 분야로 사유를 확장할 수 있도록 문제를 고안하였고, 비교적 짧은 길이의 토막글을 쓰면서 학생이 자신의 전공 분야나 일상과 관련하여 고민을 펼칠 수 있도록 하였다. 마지막 '표현하기' 수준에서는 앞에서 진행한 활동들을 수렴하여 주제가 있는 한 편의 글을 쓰도록 구성하였다. 학생들이 다양한 주제에 맞추어 선별한 읽기 자료들을 접하고 생각해 볼 문제들을 하나하나 해결해 나가면서 자신의 목소리를 발견하고 사유의 폭을 넓혀 나갈 수 있기를 기대한다.

이 책에는 우리 학생들이 직접 쓴 여러 편의 글이 수록되어 있다. 다양한 주제로 작성된 학생들의 에세이는 글쓰기를 가르치며 살아온 지난 세월을 그저 감사한 마음으로 돌아보게 해 주었다. 글을 쓰며 타인의 입장에 공감하고, 자신의 세계를 넓혀 간 학생들 모두에게 고마운 마음을 전한다. 일일이 이름을 열거하지 않아도 비어 있는 행간에서 자신 있게 자신의 이름을 찾아낼 학생들이 있기에 글쓰기는 말 그대로 소통 그 자체가 될 수 있을 것이다. 우리 모두는 글쓰기로 이루어진 네트워크 안에서 함께 고민하며 또 조금씩 성장해 나갈 것을 믿는다.

끝으로 이 책을 집필하는 데 여러모로 도움을 준 배재대학교 학생들과 인문과교양 가족에게도 머리 숙여 감사의 마음을 전하고 싶다.

2021년 8월
지은이 씀

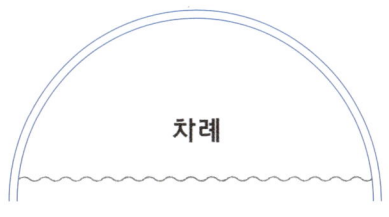

차례

머리말 • 4

글쓰기와 읽기

CHAPTER 1
글쓰기 기초와 윤리

1. 어떻게 쓸 것인가   12
2. 정확한 단어 쓰기   15
3. 좋은 문장 쓰기   34
4. 유기적인 단락 쓰기   40
5. 글쓰기 윤리 지키기   45

CHAPTER 2
주제가 있는 에세이 쓰기

1. 글쓰기의 과정   52
2. 구상하기   53
3. 표현하기   56
4. 고쳐쓰기   66
5. 우수 에세이   68

CHAPTER 3
논리적인 보고서 쓰기

1. 보고서란   80
2. 보고서의 특성   81
3. 보고서의 의의   82
4. 보고서 작성 과정과 실제   83

CHAPTER 4
대학인의 읽기

1. 어떻게 읽을 것인가   88
2. 자기주도적 읽기: SQ3R   90
3. 종합적 읽기: 신토피칼 리딩   92
4. 문제해결적 읽기: DP2R   93

PART 2
세상과 소통하기

CHAPTER 1
SNS와 자기표현

1. 현대인이 SNS를 많이 하는 이유   98
2. 인스타그램에는 절망이 없다   104

CHAPTER 2
청춘과 꿈

1. 누가 날 싫어해도 괜찮아   110
2. 돈이 안 되면 절대 지속할 수 없는 걸까   119

CHAPTER 3
가족과 사랑

1. 가족이라는 운명과 화해하는 방법   126
2. 사랑의 내부에서 일어나는 일   136

CHAPTER 4
예술과 문화

1. 아테네 디오니소스 극장과 삶의 비극   145
2. 취미인간 오타쿠를 위한 변명   154

CHAPTER 5
고전과 삶의 지혜

1. 인(仁)과 사람답게 살기   165
2. 좋아하는 일로 성공할 수 있나요?   175

CHAPTER 6
과학기술과 미래

1. 인공지능과 공정한 판결   187
2. 기술의 발전과 예술혁명   194

CHAPTER 7
공동체와 역사

1. 타자들을 바라보는 시선   204
2. 역사 속 숨은 상처   214

부록
글쓰기 활동 •237

PART 1

글쓰기와 읽기

글쓰기 기초와 윤리

1. 어떻게 쓸 것인가

언어는 인간을 사회적 동물일 수 있게 하는 의사소통 도구이다. 인간은 언어를 통해 타인과 소통하고 공동체를 형성하며, 나아가 공동체의 일원으로서 기능한다. 특히 문자의 등장은 인류의 역사에서 문명을 꽃 피우고 역사를 전승하는 데 큰 영향을 미쳤는데, 이탈리아의 과학자 갈릴레이 갈릴레오는 문자를 인류의 가장 위대한 발명품이라고 일컫기도 하였다.

모든 위대한 발명품을 능가하는 것이 있습니다. 자신의 마음속 깊이에 있는 생각을 다른 사람에게 전하는 방법이지요. 상대가 아무리 멀리 떨어져 있어도 먼 미래에 있어도 전달할 수 있습니다. 세상에!! 이런 방법을 생각해 낸 것은 얼마나 위대한 지혜입니까. 인도에 있는 사람에게도, 아직 태어나지 않은 사람에게도, 1천 년 후 혹은 1만 년 후에 태어날 사람에게도 전할 수 있습니다. 방법은 아주 간단합니다. 20여 개의 글자를 종이 위에 알맞은 순서로 쓰면 됩니다. 인류의 가장 위대한 발명품이 바로 이것입니다.

갈릴레오의 말처럼 문자는 이미 그 자체로 지혜의 산물이다. 그리고 그 문자를 사용하면서 인류는 고도화된 지적활동을 수행할 수 있게 되었고, 더욱 지혜로워졌다. 문자를 통한 지적 활동에는 읽기와 글쓰기가 있다. 사람들은 읽기를 통해 세상에 존재하는 다양한 지식을 습득하고, 글쓰기를 통해 자신이 이해하거나 생각한 것을 논리적이고 체계적으로 표현한다. 그리고 이 유구한 지혜의 전승 방법은 지금 우리 시대에도 유효한데, 특히 대학이 그러하다.

대학은 고도화된 지적 활동을 수행하는 학문 공동체이다. 대학에서 읽기와 글쓰기가 없으면 깊이 있는 공부는 불가능하다. 모든 학습 과정에 읽기 활동이 필수적으로 존재하고, 학습한 것을 증명하는 과정에서 글쓰기가 활용된다. 대학에서 읽기와 글쓰기가 무엇보다 중요한 이유가 그것이다.

사회로 진출해서도 마찬가지이다. 오늘날은 창의적으로 사유하고 그것을 구현하면서 일하는 시대이다. 이 속에서 글쓰기는 효율적이고 정연한 업무를 가능하게 할 뿐 아니라 업무와 관련한 사유의 고도화를 촉진하기도 한다. 업무 내용을 기록하여 팀원들과 공유하는 것, 사람들 앞에서 아이디어를 공개하고 토론하는 것, 그리고 그것을 고도화하는 모든 과정에 글쓰기가 있음을 떠올려 보면 이해가 쉽다.

이뿐 아니다. 글쓰기는 자기성찰의 과정이기도 하다. 자기성찰은 단순하게 나는 누구인가를 고민하며 지난 과거를 탐색하는 과정이 아니다. 오히려 나를 둘러싼 공동체와 세계 속에서 나의 의미를 탐색하고 나의 가치를 확립하는 과정이다. 이 과정은 글쓰기 과정과 맥을 같이 한다. 자신의 지식이나 경험을 탐색하고 그것을 논리정연하게 조직하여 자기 언어로 표현하는 모든 과정은 곧 스스로 자신을 들여다보는 시간이기 때문이다.

정보통신기술이 발달한 이후 SNS나 블로그를 통해 일상을 기록하고 공유할 때도 글쓰기를 활용한다. 인터넷 사이트에 글을 써서 내 생각을 남기기는 것도, 메일이나 메시지를 통해 타인과 소통하는 것도 글쓰기 활동이다. 바야흐로 글쓰기가 일상이 된 시대이다.

우리는 이렇게 일상의 다양한 분야에서 여러가지 방식으로 글을 쓰고 있다. 이렇게 보면 글쓰기는 의사소통, 학습, 사회생활, 자기성찰 등 우리 일상 전 영역에 영향을 미친다. 그렇기에 우리는 무엇을 어떻게 잘 쓸 수 있을지 고민을 해야 하고 또 할 수밖에 없다. 다음은 글쓰기에 일가견이 있다는 사람들의 '글쓰기에 대한 생각'이다. 이를 읽고 자신의 글쓰기는 무엇인지 정의를 내려 보고 그 방법을 생각해 보자.

글은 말처럼 저절로 알게 되는 것이 아니라 일부러 배워야 글자도 알고, 글 쓰는 법도 알게 된다는 점이다. 말은 외국어가 아닌 이상엔 커 가면서 거의 의식적인 노력 없이 배워지고 의식적으로 연습하지 않아도 날마다 말하는 것이 절로 연습이 된다. 그래서 누구나 자기 생활만큼은 별 걱정 없이 말로 표현하고 있다. 그러나 글은 배워야 알고, 연습해야 잘 쓸 수 있다.

이태준, 『문장강화』, 창비, 2005.

생각과 느낌을 소리로 표현하면 말이 되고 문자로 표현하면 글이 된다. 생각이 곧 말이고, 말이 곧 글이다. 생각과 감정, 말과 글은 하나로 얽혀있다. 그렇지만 근본은 생각이다. 논증의 아름다움을 제대로 보여 주는 글을 쓰고 싶다면 무엇보다 생각을 바르고 정확하게 해야 한다.

유시민, 『유시민의 글쓰기특강』, 생각의길, 2015.

글쓰기란 나의 생각을 너의 생각으로 넓혀 가고, 그들의 생각을 우리의 생각으로 불러들이는 일이다. 이런 교류 속에서 주체와 객체는 생각을 나눈다. 이해는 이런 생각을 공유하는 데서 생겨난다. 생각을 교환함으로써 나는 너와 만나고, 우리는 그들과 공감한다. 따라서 글을 통한 확대는 타자로 향하면서 그렇게 하는 만큼 자기에게 돌아오는 것이기도 하다.

문광훈, 『교감 : 천천히 사유하는 즐거움』, 생각의나무, 2007.

2. 정확한 단어 쓰기

단어는 '홀로 쓰일 수 있는 의미의 최소단위'이다. 좋은 글은 글쓴이의 생각을 정확하게 표현하는 것에서부터 출발한다. 이를 위해서는 한글맞춤법 표준어 규정을 이해하고 맥락에 따라 정확한 단어를 사용할 수 있어야 한다.

1) 어법

> **제1장 총칙**
> 제1항 한글 맞춤법은 표준어를 소리대로 적되, 어법에 맞도록 함을 원칙으로 한다.

한글맞춤법 표준어 규정의 총칙은 한글 맞춤법의 대원칙을 정한 것이다. 제1장 제1항을 살펴보면 '표준어를 소리대로 적는다'라는 근본 원칙에 '어법에 맞도록 한다'는 조건이 붙어 있다. 표준어를 소리대로 적는다는 것은 표준어의 발음 형태대로 적는다는 뜻이다. 한글은 표음 문자(表音文字)이며 음소 문자로, 자음과 모음을 결합하여 표준어를 소리대로 표기하는 것이 근본 원칙이다. 구름,

나무, 하늘, 달리다 등이 표준어를 소리나는 대로 적는 사례이다. 그런데 표준어를 '소리대로 적는다'는 원칙만을 적용하기 어려운 경우도 있다. 예컨대 '꽃[花]'이란 단어는 그 발음 형태가 몇 가지로 나타난다.

- [꼬ㅊ]: 꽃이[꼬치] / 꽃을[꼬츨] / 꽃에[꼬체]
- [꼰]: 꽃나무[꼰나무] / 꽃놀이[꼰노리] / 꽃망울[꼰망울]
- [꼳]: 꽃과[꼳꽈] / 꽃다발[꼳따발] / 꽃밭[꼳빧]

그런데 이것을 소리대로 적으면 그 뜻이 얼른 파악되지 않아서 독서의 능률이 크게 저하된다. 그리하여 '어법에 맞도록 한다'는 또 하나의 원칙이 붙은 것이다. 어법에 맞도록 한다는 것은 뜻을 파악하기 쉽도록 하기 위하여 각 형태소의 본래 모양을 밝히어 적는다는 말이다. 하지만 이 원칙은 모든 언어 형식에 적용될 수는 없어서 형식 형태소의 본래 모양과 소리가 현저하게 다른 경우에는 소리나는 대로 적도록 하고 있다.

한글맞춤법 표준어 규정에는 우리말을 바르게 표기하기 위한 원칙이 명시되어 있다. 이 중에서 많은 사람들이 오류를 범하는 몇 가지의 규정만 살펴보고자 한다.

(1) 구개음화
'ㄷ, ㅌ' 받침 뒤에 종속적 관계를 가진 '-이(-)'나 '-히-'가 올 적에는 'ㄷ, ㅌ'이 'ㅈ, ㅊ'으로 소리 나더라도 'ㄷ, ㅌ'으로 적는다(ㄱ을 취하고, ㄴ을 버림).

ㄱ	ㄴ	ㄱ	ㄴ
해돋이	해도지	걷히다	거치다
굳이	구지	닫히다	다치다

(2) 두음 법칙

① 한자음 '녀, 뇨, 뉴, 니'가 단어 첫머리에 올 적에는 두음 법칙에 따라 '여, 요, 유, 이'로 적는다.

예 여자(女子) / 연세(年歲) / 요소(尿素) / 유대(紐帶) / 익명(匿名)

② 한자음 '랴, 려, 례, 료, 류, 리'가 단어의 첫머리에 올 적에는 두음 법칙에 따라 '야, 여, 예, 요, 유, 이'로 적는다.

예 양심(良心) / 역사(歷史) / 예의(禮儀) / 용궁(龍宮) / 유행(流行) / 이발(理髮)

③ 한자음 '라, 래, 로, 뢰, 루, 르'가 단어의 첫머리에 올 적에는 두음 법칙에 따라 '나, 내, 노, 뇌, 누, 느'로 적는다.

예 낙원(樂園) / 내일(來日) / 노인(老人) / 뇌성(雷聲) / 누각(樓閣) / 능묘(陵墓)

[붙임]

※ 단어의 첫머리 이외의 경우에는 본음대로 적는다.

예 남녀(男女), 당뇨(糖尿) / 사례(謝禮), 협력(協力) / 쾌락(快樂), 거래(去來)

※ 접두사처럼 쓰이는 한자가 붙어서 된 말이나 합성어에서, 뒷말의 첫소리가 'ㄴ' 또는 'ㄹ' 소리로 나더라도 두음 법칙에 따라 적는다.

예 신여성(新女性), 공염불(空念佛) / 연이율(年利率), 해외여행(海外旅行) / 중노동(重勞動), 비논리적(非論理的)

※ 모음이나 'ㄴ' 받침 뒤에 이어지는 '렬, 률'은 '열, 율'로 적는다(ㄱ을 취하고, ㄴ을 버림).

ㄱ	ㄴ	ㄱ	ㄴ
나열(羅列)	나렬	규율(規律)	규률
치열(齒列)	치렬	전율(戰慄)	전률
분열(分裂)	분렬	백분율(百分率)	백분률

(3) 사이시옷

① 순우리말로 된 합성어나 순우리말과 한자어로 된 합성어로서 앞말이 모음으로 끝난 경우 사이시옷을 받치어 적는다.

- 뒷말의 첫소리가 된소리로 나는 것

  예 귓밥, 나룻배, 바닷가, 나뭇가지 / 전셋집, 등굣길, 햇수, 텃세

- 뒷말의 첫소리 'ㄴ, ㅁ' 앞에서 'ㄴ' 소리가 덧나는 것

  예 잇몸, 아랫마을, 냇물, 아랫니, 노랫말 / 제삿날, 훗날, 곗날

- 뒷말의 첫소리 모음 앞에서 'ㄴㄴ' 소리가 덧나는 것

  예 나뭇잎, 뒷일, 깻잎, 허드렛일, 두렛일 / 예삿일, 훗일

② 아래 예의 두 음절로 된 한자어는 예외적으로 사이시옷을 받치어 적는다.

예 곳간(庫間) / 셋방(貰房) / 숫자(數字) / 찻간(車間) / 툇간(退間) / 횟수(回數)

(4) 부사의 끝음절

부사의 끝음절이 분명히 '이'로만 나는 것은 '-이'로 적고, '히'로만 나거나 '이'나 '히'로 나는 것은 '-히'로 적는다.

① '이'로만 나는 것

  예 따뜻이 / 버젓이 / 가까이 / 고이 / 헛되이 / 번번이 / 일일이 / 깨끗이 / 많이

② '히'로만 나는 것

  예 극히 / 급히 / 딱히 / 특히 / 속히 / 족히 / 엄격히 / 정확히

③ '이, 히'로 나는 것

  예 가만히 / 간편히 / 쓸쓸히 / 꼼꼼히 / 조용히 / 열심히 / 나른히 / 상당히 / 분명히

(5) '-더라, -던' '-든지'

'-더라, -던' '-든지'는 다음과 같이 적는다.

① 지난 일을 나타내는 어미는 '-더라, -던'으로 적는다(ㄱ을 취하고, ㄴ을 버림).

ㄱ	ㄴ
지난겨울은 몹시 춥더라.	지난겨울은 몹시 춥드라.
그 사람 말 잘하던데!	그 사람 말 잘하든데!
얼마나 놀랐던지 몰라.	얼마나 놀랐든지 몰라.

② 물건이나 일의 내용을 가리지 아니하는 뜻을 나타내는 조사와 어미는 '(-)든지'로 적는다(ㄱ을 취하고, ㄴ을 버림).

ㄱ	ㄴ
배든지 사과든지 마음대로 먹어라.	배던지 사과던지 마음대로 먹어라.
가든지 오든지 마음대로 해라.	가던지 오던지 마음대로 해라.

2) 띄어쓰기

> 제2항 문장의 각 단어는 띄어 씀을 원칙으로 한다.

한글 맞춤법 제1장 제2항에는 '문장의 각 단어는 띄어 씀을 원칙으로 한다.'라고 명시되어 있다. 이 원칙은 단순하고 명쾌해 보여서 모든 단어를 띄어쓰기만 하면 될 것 같은 느낌을 준다. 하지만 띄어쓰기는 그렇게 단순하고 또 명쾌하지 않다.

단어 간 띄어쓰기 여부를 확인하기 위해서 살펴볼 첫 번째 기준은 자립성이다.

- 단어: 하늘 / 자동차 / 바다 / 구름
- 의존형태소: -를 / -는구나 / -겠- / -습니다

단어와 의존형태소의 차이는 자립성의 여부이다. '하늘, 자동차, 바다, 구름'은 단독으로 쓰이며 의미를 전달할 수 있지만 '-를, -는구나, -겠-, -습니다'는 단독으로 쓸 수 없으며 의미도 전달할 수 없다. 이처럼 단독으로 홀로 쓰일 수 있는 단어의 성격을 '자립적'이라고 하고 그렇지 못한 말의 성격은 '의존적'이라고 한다. 의존형태소는 단독으로는 쓰이지 못하기 때문에 언제나 다른 말의 앞이나 뒤에 붙어 함께 사용된다. 그렇기 때문에 의존형태소는 띄어 쓰지 않는다. 즉, 말이 가지고 있는 성격이 자립적인지 의존적인지에 따라 띄어쓰기 여부가 결정되는 것이다.

띄어쓰기의 두 번째 기준은 두 단어 간 의미의 긴밀성이다. 두 단어가 서로 결합하여 하나의 의미망을 나타낼 경우 이 단어의 성격을 긴밀하다고 보고 붙여 쓴다. 예를 들어 '돌아가다'라는 단어는 '돌다'와 '가다'가 결합하여 만들어진 단어이다. 이 단어가 '일이 진행되다.'라는 뜻을 가질 경우에는 '돌아'와 '가다'의 관계가 긴밀하여 다른 요소가 중간에 끼어들 수 없다. '원래 상태로 돌아가다'나 '뱅글뱅글 돌아가다'라는 의미 역시 마찬가지이다. 그래서 이 의미로 해당 어휘를 사용할 경우에는 붙여서 사용해야 한다. 하지만 '길을 우회해서 가다'라는 뜻의 '돌아 가다'의 경우에는 '돌다'와 '가다'의 의미가 긴밀하지 않으므로 다른 요소가 끼어들 수 있다. 이 경우에 '돌아 가다'는 띄어 써야 한다. 이처럼 두 단어의 긴밀성에 따라 띄어쓰기가 결정된다.

띄어쓰기와 관련한 상세 한글 맞춤법 표준어 규정은 다음과 같다.

① 조사는 그 앞말에 붙여 쓴다.

예 꽃이 / 꽃을 / 꽃마저 / 꽃밖에 / 꽃에서부터 / 꽃으로만 / 꽃이나마 /
꽃이다 / 꽃입니다 / 꽃처럼 / 어디까지나 / 거기도 / 멀리는 / 소월이가

② 의존 명사는 띄어 쓴다.

> 예 • 아는 것이 힘이다.　• 나도 할 수 있다.　　• 먹을 만큼 먹어라.
> 　　• 아는 이를 만났다.　• 네가 뜻한 바를 알겠다.　• 그가 떠난 지가 오래다.

③ 단위를 나타내는 명사는 띄어 쓴다.

> 예 한 개 / 차 한 대 / 금 서 돈 / 소 한 마리 / 옷 한 벌 / 열 살 / 집 한 채
>
> 순서를 나타내는 경우나 숫자와 어울리어 쓰이는 경우에는 붙여 쓸 수 있다.
>
> 예 두시 삼십분 / 삼학년 / 육층 / 3월 1일 / 80원 / 10개 / 7미터

④ 수를 적을 적에는 '만(萬)' 단위로 띄어 쓴다.

> 예 십이억 삼천사백오십육만 칠천팔백구십팔 / 12억 3456만 7898

⑤ 두 말을 이어 주거나 열거할 적에 쓰이는 다음의 말들은 띄어 쓴다.

> 예 국장 겸 과장 / 열 내지 스물 / 청군 대 백군 / 책상, 걸상 등이 있다 /
> 이사장 및 이사들 / 사과, 배, 귤 등등

⑥ 보조 용언은 띄어 씀을 원칙으로 하되, 경우에 따라 붙여 씀도 허용한다 (ㄱ을 원칙으로 하고, ㄴ을 허용함).

ㄱ	ㄴ
불이 꺼져 간다.	불이 꺼져간다.
내 힘으로 막아 낸다.	내 힘으로 막아낸다.
어머니를 도와 드린다.	어머니를 도와드린다.
그릇을 깨뜨려 버렸다.	그릇을 깨뜨려버렸다.
비가 올 듯하다.	비가 올듯하다.
그 일은 할 만하다.	그 일은 할만하다.

⑦ 성과 이름, 성과 호 등은 붙여 쓰고, 이에 덧붙는 호칭어, 관직명 등은 띄어 쓴다.

예 채영신 씨 / 최치원 선생 / 박동식 박사 / 충무공 이순신 장군

⑧ 성명 이외의 고유 명사는 단어별로 띄어 씀을 원칙으로 하되, 단위별로 띄어 쓸 수 있다(ㄱ을 원칙으로 하고, ㄴ을 허용함).

ㄱ	ㄴ
배재 고등학교	배재고등학교
배재 대학교 인문 사회 대학	배재대학교 인문사회대학

⑨ 전문 용어는 단어별로 띄어 씀을 원칙으로 하되, 붙여 쓸 수 있다(ㄱ을 원칙으로 하고, ㄴ을 허용함).

ㄱ	ㄴ
만성 골수성 백혈병	만성골수성백혈병
중거리 탄도 유도탄	중거리탄도유도탄

3) 구별해서 써야 할 단어

가름	'가르다'의 '가르-'에 '-ㅁ'이 붙은 말 예 잣나무와 소나무는 자세히 보지 않으면 가름이 되지 않는다.
갈음	'갈다'의 '갈-'에 '-음'이 붙은 말 예 가족 모임으로 돌잔치를 갈음한다.
거름	'(땅이) 걸다'의 '걸-'에 '-음'이 붙은 형태이지만, 본뜻에서 멀어져 '비료'의 의미로 쓰이므로 소리 나는 대로 적음 예 농부들은 배추밭에 거름을 주었다.
걸음	'걷다'의 '걷-'에 '-음'이 붙은 형태 예 빠른 걸음으로 걸었다. 걸음을 재촉했다.

거치다	'무엇에 걸리거나 막히다', '오가는 도중에 어디를 지나거나 들르다', '어떤 과정이나 단계를 겪거나 밟다'의 뜻으로 쓰이는 동사 예 • 더 이상 마음에 거칠 것이 없다. • 수원을 거쳐 대전으로 갔다.
걷히다	'걷다'의 피동사 예 • 해가 뜨자 안개가 걷히기 시작했다. • 그물이 걷히자 팔뚝만 한 고기가 올라오기 시작했다.
걷잡다	한 방향으로 치우쳐 흘러가는 형세 따위를 붙들어 잡다. 마음을 진정하거나 억제하다. 예 강한 바람으로 산불이 걷잡을 수 없이 악화되고 있다.
겉잡다	겉으로 보고 대강 짐작하여 헤아리다. 예 오늘 경기장에는 겉잡아서 천 명이 넘게 온 듯하다.
그러므로 (그러니까)	앞의 내용이 뒤에 나오는 내용의 이유나 원인, 근거가 될 때 예 그는 봉사하는 삶을 산다. 그러므로 존경을 받는다.
그럼으로(써) (그렇게 하는 것으로)	'그러다'의 명사형 '그럼'에 '으로(써)'가 결합한 것으로 '그렇게 하는 것으로(써)'라는 뜻을 나타낸다. '그러므로'에는 '써'가 결합할 수 없다는 점에서 '그럼으로(써)'와 차이 예 그는 남을 돕는 일에 앞장선다. 그럼으로써 삶의 보람을 느낀다.
느리다	동작을 하는 데 걸리는 시간이 길다. 예 나무늘보는 행동이 느리다.
늘이다	본디보다 더 길어지게 하다. 아래로 길게 처지게 하다. 예 치마 길이를 늘여서 입었다.
늘리다	물체의 부피 따위를 본디보다 커지게 하다. 수나 분량 따위를 본디보다 많아지게 하다. 예 • 우리 가족은 평수를 늘려 새집으로 이사했다. • 실력을 늘려서 다음에 다시 도전해 보자.
다리다	옷이나 천 따위의 주름이나 구김을 펴기 위해 다리미로 문지르다. 예 구겨진 바지를 매끈하게 다렸다.
달이다	액체를 끓여서 진하게 하다. 약재에 물을 부어 우러나도록 끓이다. 예 보약을 달이는지 한약 냄새가 가득했다.

다치다	신체에 상처가 생기다. 예 넘어져서 다리를 다쳤다.	
닫히다	닫다(문짝 따위를 제자리로 가게 하여 막다)의 피동사 예 열어 놓은 문이 바람에 닫혔다.	
닫치다	문짝 따위를 세게 닫다. 입을 굳게 다물다. 예 동생은 화가 났는지 문을 탁 닫치고 나갔다.	
마치다	일이나 과정, 절차 따위가 끝나다. 예 하루 일과를 마치고 집으로 돌아간다.	
맞히다	표적에 적중하다, 맞는 답을 내놓다. 침이나 매 따위를 맞게 하다. 예 • 화살을 과녁에 정확하게 맞혔다. • 문제의 정답을 맞혔다. • 꼬마들에게는 주사를 맞히기가 힘들다.	
반드시	틀림없이 꼭 예 겨울이 지나면 반드시 봄이 온다.	
반듯이	비뚤어지거나 기울거나 굽지 않고 바르게 예 우리는 반듯이 몸을 누이고 잠을 청했다.	
바치다	신이나 웃어른께 드리다, 무엇을 위하여 모든 것을 아낌없이 내놓거나 쓰다. 예 • 하늘에 제물을 바친다. • 그 과학자는 평생을 신약 개발에 몸을 바쳤다.	
받치다	물건의 밑이나 옆 따위에 다른 물체를 대다. 어떤 일을 잘할 수 있도록 뒷받침해 주다. 예 • 쟁반에 찻잔을 받쳐 가져왔다. • 이 영화는 배경 음악이 장면을 잘 받쳐 주어서 더욱 감동적이다.	
받히다	받다(머리나 뿔 따위로 세차게 부딪치다)의 피동사 예 소에게 받히었다.	
밭치다	밭다(건더기와 액체가 섞인 것을 체 따위에 따라서 액체만을 따로 받아 내다)를 강조 예 삶은 국수를 찬물에 헹군 후 체에 밭쳐 놓았다.	

아름	두 팔을 둥글게 모아서 만든 둘레, 또는 그러한 둘레의 길이를 나타내는 단위 예 둘레가 두 아름이나 되는 나무
알음	사람끼리 서로 아는 일, 지식이나 지혜가 있음 예 우리는 서로 알음이 있는 사이다.
앎	아는 일 예 앎은 삶의 힘이다.
안치다	음식을 만들기 위하여 그 재료를 솥이나 냄비 따위에 넣고 불 위에 올리다. 예 • 시루에 떡을 안쳤다. • 솥에 고구마를 안쳐서 찐다.
앉히다	'앉다'의 사동사로 쓰이거나, 문서에 줄거리를 따로 적어 놓다. 버릇을 가르치다. 예 • 아이를 무릎에 앉혔다. • 그는 책을 읽다가 중요한 것을 여백에 앉히는 습관이 있다. • 선생님은 아이들에게 인사하는 버릇을 앉혀 주셨다.
어름	두 사물의 끝이 맞닿은 자리 예 어부들은 바닷물과 민물이 맞물린 어름에 그물을 내렸다.
얼음	물이 얼어서 굳어진 물질 예 강에 얼음이 얼었다.
이따가	'조금 지난 뒤에'라는 뜻을 나타내는 부사 예 이따가 만나자.
있다가	'있다'의 '있-'에 어떤 동작이나 상태가 끝나고 다른 동작이나 상태로 옮겨지는 뜻을 나타내는 어미 '-다가'가 붙은 형태 예 여기에 며칠 더 있다가 갈게.
저리다	뼈마디나 몸의 일부가 쑤시듯이 아프다. 몸의 일부가 오래 눌려서 피가 잘 통하지 못해 감각이 둔하고 아리다. 예 움직이지 않고 있었더니 발이 저리기 시작했다.
절이다	푸성귀나 생선 따위에 소금기나 식초, 설탕 따위를 배어들게 하다. 예 배추를 소금물에 절인다.

조리다	양념을 한 고기나 생선, 채소 따위를 국물에 넣고 바짝 끓여서 양념이 배어들게 하다. 예 고등어와 무를 넣고 맛있게 조렸다.	
졸이다	속을 태우다시피 초조해하다. 예 너무 가슴 졸이지 말고 결과를 기다려 보자.	
주리다	제대로 먹지 못하여 배를 곯다. 예 모두 여러 날 배를 주린 사람처럼 허겁지겁 먹기 시작했다.	
줄이다	'줄다'의 사동사 예 건강을 위해 체중을 조금 줄이려고 한다.	
-노라고	자기 나름대로 꽤 노력했음 예 • 모두 하노라고 했는데 만족스럽지는 않다. • 제 딴에는 열심히 쓰노라고 쓴 게 이 모양이다.	
-느라고	앞의 내용이 뒤에 오는 내용의 목적이나 원인이 됨 예 • 어제 소설을 읽느라고 밤을 새웠다. • 먼 길 오시느라고 힘드셨겠다.	
-(으)러(목적)	가거나 오거나 하는 동작의 목적 예 • 무엇을 사러 가니? • 책을 사러 서점에 간다.	
-(으)려(의도)	어떤 행동을 할 의도나 욕망을 가지고 있음 예 • 내일 무엇을 하려(고) 하니? • 친구를 만나려(고) 한다.	
(으)로서(자격)	지위나 신분, 자격을 나타냄 예 • 그런 말은 친구로서 할 말이 아니다. • 나는 주민 대표로서 회의에 참석하였다.	
(으)로써(수단)	재료, 수단, 도구 등을 나타냄 예 • 쌀로써 떡을 빚는다. • 말로써 천 냥 빚을 갚는다고 한다.	

1 다음 문장의 맥락에 어울리는 단어는 무엇인지 골라 봅시다.

(1) 모두 함께 행복하기 위해서 과도한 경쟁을 (지양해야 / 지향해야) 한다.

(2) 다소 느리고 불편하더라도 지속 가능한 발전을 (지양해야 / 지향해야) 한다.

(3) 우리나라 선수가 세계신기록을 다시 한 번 (경신 / 갱신) 했어.

(4) 이번 주 토요일까지 운전면허증을 (경신 / 갱신) 해야 해.

(5) 5번 문제의 정답은 내가 (맞혔어 / 맞췄어).

(6) 오늘 동기들과 1,000피스짜리 퍼즐을(맞혔어 / 맞췄어).

(7) 내가 친구(로서 / 로써) 너에게 이야기하는 거야.

(8) 스트레스를 푸는 도구(로서 / 로써) 드럼을 배우고 있어.

(9) 지금 내리는 비는 조금 (있다가 / 이따가) 그칠 것 같아.

(10) 그러니까 강의실에 조금 (있다가 / 이따가) 나가자.

(11) 서류 (결제 / 결재) 좀 부탁드려요.

(12) 신용카드로 (결제 / 결재) 시 추가 할인이 됩니다.

(13) 2층 창고 출입을 (일절/일체) 금합니다.

(14) 체육대회 운영 비용은 (일절/일체) 학생회에서 부담합니다.

(15) 어제 너에게 전화하기로 한 것을 (잊어버렸어/잃어버렸어).

(16) 어제 술 먹고 휴대폰을 (잊어버렸어/잃어버렸어).

2 다음 대화에서 맞춤법에 오류가 있는 부분을 찾아 바르게 고쳐 봅시다.

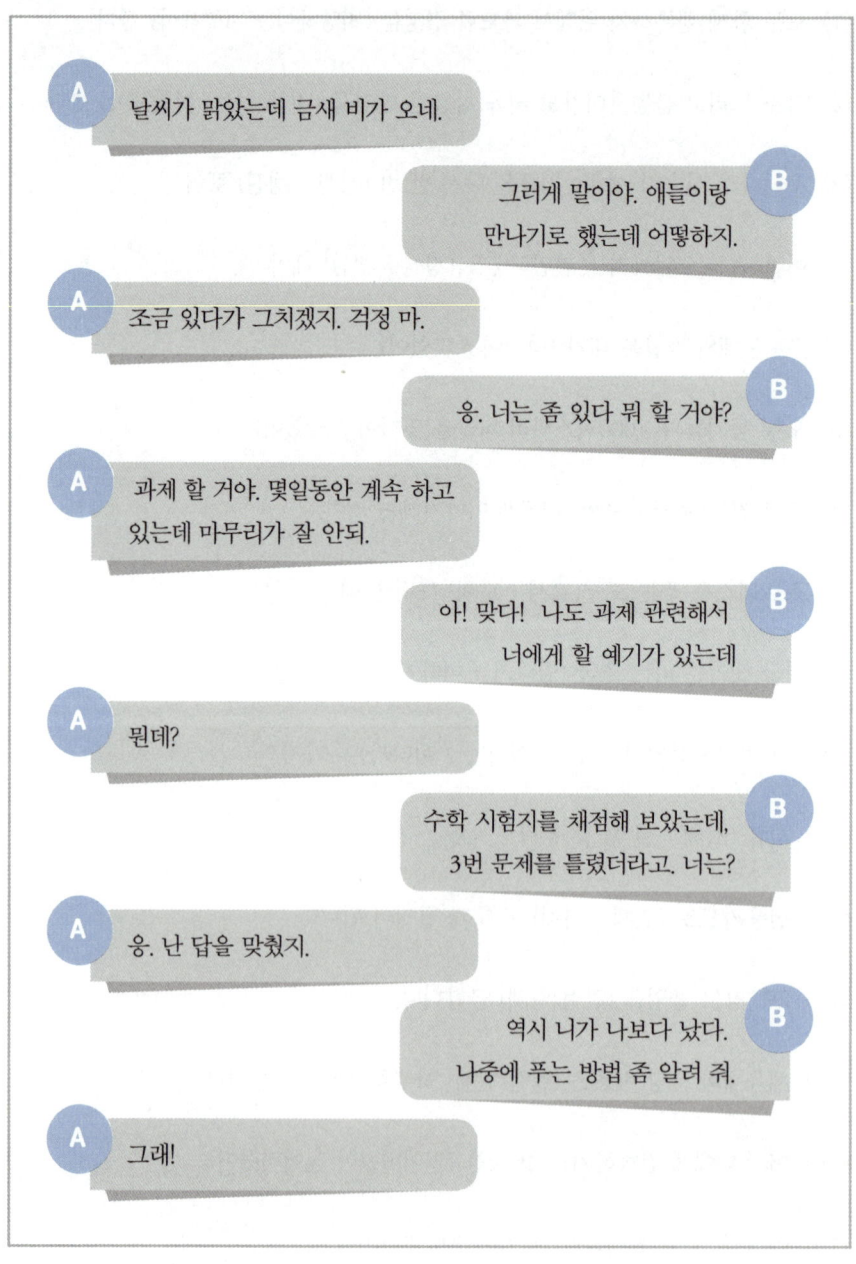

3 다음 문장에서 나타나는 맞춤법의 오류를 바르게 고쳐 봅시다.

(1) 그는 장학금을 받고싶다는 바램을 드러냈다.

(2) 시험 점수에 너무 얽메이지 말자.

(3) 그렇게 하면 않됩니다.

(4) 오랫만에 보니 반갑다.

(5) 세계 경제 뿌리채 흔들

(6) 복귀를 염두해 두다.

(7) 교수님, 내일 뵈요.

(8) 각자 자기 역활을 충실히 합시다.

(9) 손가락으로 먼 산을 가르켰다.

_____

(10) 신인그룹 PAICHAI, 성공적 데뷔 무대 치뤄

_____

(11) 오늘 웬지 기분이 좋다.

_____

(12) 이건 우리 과에서 계속 되물림되는 전통이야.

_____

(13) 이 풍속의 유례를 알 길이 없다.

_____

(14) 문자로 이별을 통보하다니! 정말 어의없다.

_____

(15) 오늘 설겆이는 제가 할께요.

_____

(16) 교재를 깜빡하고 놓고 왔는데 어떻하면 좋지?

_____

(17) 몇일 동안 고민했는데 답이 없어.

(18) 제작년부터 계속 이 상태야.

(19) 이번 주 〈글쓰기와 읽기〉 과제를 마무리해야 되.

(20) 기분이 안 좋으니까 건들이지 마.

(21) 지방 선거 투표률이 지난번보다 올랐다.

(22) 약 먹고 잤더니 두통이 좀 낳았어.

(23) 폭염으로 택배기사들이 곤혹을 치르고 있다.

(24) PPT 디자인은 문안하게 하자.

4 다음 문장을 바르게 띄어쓰기해 봅시다.

(1) 그는밥을먹는둥마는둥하고집을나설수밖에없었다.

(2) 길거리에구르는하잘것없는돌멩이도쓸모가있는법이다.

(3) 공부를하는데에도이리체력이중요할줄몰랐다.

(4) 미국으로건너간지일년만에한국에돌아왔다.

(5) 점심시간내내이야기를멈추지않았다.

(6) 대화를할수록해결책은커녕갈등만심화되었다.

(7) 배재대학교이동길교수는수위실에서근무하는김씨아저씨를만났다.

(8) 그녀는만성골수성백혈병에걸려투병하느라다니던직장을그만두었다.

(9) 다행히도불이꺼져가고있어혼자힘으로막아낼수가있었다.

(10) 어머니의설거지를도와드리다그만그릇을깨뜨려버리고말았다.

(11) 잘못했다고사과했지만받아주지않았어.

(12) 사실잘난사람과못난사람의차이는종이한장차이야.

(13) 이제별볼일이없으니그냥돌아가자.

(14) 그는못사는형편인데도항상가진것을남과나눴어.

(15) 이번행사에사과와배등등의과일이한상자내지두상자쯤필요하다.

(16) 공부를잘못한다고해서인생이끝나는건아니다.

(17) 그아이를잃어버린지한나절만에내키만한담장한쪽구석에서발견했다.

(18) 상반기예산은구억칠천오백칠십팔만구천이백오십삼원이다.

(19) 금한돈이면조카아기의돌선물로족하다.

(20) 그녀는사업차외국에나갔다.

(21) 해질녘노을을보니네생각이났다.

(22) 학교를가는데비가오기시작했다.

(23) 이일을마치는데며칠이걸렸다.

(24) 이교수님은40여년간한길만계속걸어오셨어.

(25) 이번학기에는열심히공부할거야.

(26) 그곳은아직한겨울이야.

(27) 집에서만이라도좀쉬세요.

(28) 그녀와친구같이지내는사이입니다.

(29) 날씨가좋아야할텐데걱정이야.

(30) 밥은커녕커피도같이먹은적없어.

(31) 창문밖에소리가나서나가봤더니풀벌레소리밖에들리지않았다.

(32) 비가더와야할텐데걱정입니다.

(33) 못생긴얼굴이라고흉보면안돼.

3. 좋은 문장 쓰기

뛰어난 필자들은 글을 쓰기 전 어떻게 하면 훌륭한 글을 쓸 수 있을지 충분히 고민하고 글을 쓴다. 하지만 미숙한 필자들은 '무엇을 어떻게 쓸 것인가'라는 기본적인 구상 없이 일단 글쓰기를 시작하는 경우가 많다. 이렇게 글을 쓰면서 좋은 문장을 쓰기란 매우 어려운 일이다. 생각을 정리하지 않은 채 아무렇게나 글을 쓰다보면 저절로 문장이 길어지고 중언부언하게 되기 때문이다. 엉킨 생각이 엉킨 문장으로 나타나는 것이다.

문장은 '완결된 느낌이나 생각을 표현하고 전달하는 글의 기본 단위'이다. 좋은 글을 쓰기 위해서는 무엇보다 좋은 문장을 쓸 수 있어야 한다. 좋은 문장은 글쓴이의 의도를 간결하고 명확하게 전달할 수 있는 문장이다. 이를 위해서는 어법과 맞춤법을 지키는 것은 물론 문장 성분을 바르게 연결할 수 있어야 한다. 적절한 비유를 통해 글쓴이의 개성을 드러내면서 독자에게 감동을 줄 수 있다면 금상첨화이다. 하지만 이러한 문장을 쓰기란 말처럼 그리 쉬운 일이 아니다. 이 글에서는 좋은 문장을 쓰기 위한 몇 가지 요건을 살펴보고자 한다.

1) 간결하게 쓰기

문장을 길게 쓰느냐, 혹은 짧게 쓰느냐의 문제는 모든 글에 일괄적으로 적용할 수 있는 원칙은 아니다. 글에 따라 문장을 짧게 쓰면서도 필요한 설명을 충실히 할 수 있고 길게 쓰면서도 명료성을 갖출 수 있기 때문이다. 하지만 그럼에도 불구하고 글쓰기 대가들은 늘 문장을 간결하게 쓰는 것을 강조한다. 그래야 독자가 글의 내용을 쉽게 이해하고 또 공감할 수 있기 때문이다.

문장을 간결하게 쓴다는 것은 의도를 전달하는 데 꼭 필요한 문장 성분만을 사용한다는 뜻이다. 이렇게 문장을 쓰면 서툰 수식이나 장황한 표현을 피할 수 있고, 주제를 곧바로 피력할 수 있다. 이를 위해서는 의미가 중복되는 불필요한 단어나 구절을 빼는 것이 좋다. 특히 수식어가 너무 길면 글의 내용이 산만해지므로 삽입구나 연결 어미를 써서 문장을 나누어 쓰는 것이 좋다.

> 🔵 다음 문장을 간결하게 고쳐 봅시다.

(1) 『페스트』라는 책은 제목만 알고 내용은 전혀 모르던 책이었는데 이번 독서에서 이 과제를 통해 읽게 되었고, 오늘날의 코로나19 상황과 관련하여 여러 가지를 생각할 수 있었다.

(2) 과제를 하지 않는 학생에게 교수님은 그렇게 과제를 안 하면 나중에 성적에 좋지 않은 결과를 얻게 될 것이라고 경고했지만 교수님의 경고를 무시한 학생은 결국 낙제점을 받고 장학금을 받을 수 있는 기회를 잃어버리고 말았다.

2) 명확하게 쓰기

학생들의 시험 답안지나 과제를 읽다 보면 글의 맥락에 어울리지 않는 어휘나 잘못된 맞춤법을 사용하는 경우를 왕왕 발견한다. 또한 추상적이고 막연한 서술로 전달하고자 하는 바를 제대로 표현하지 못하는 경우 역시 많이 볼 수 있다.

문장은 글쓴이의 의도를 정확하게 전달하는 것을 최우선 과제로 한다. 이를 위해서는 구체적인 용어를 사용하고 대용어와 중의어를 삼가 문장의 지시를 분명하게 해야 한다. 또한 문장 간의 논리적 구조를 긴밀하게 하여 글의 짜임새를 공고하게 할 필요가 있다.

1 문장의 중의성을 해소하여 의미가 명확하게 전달되도록 고쳐 봅시다.

(1) 그 그룹은 끊임없는 음악에 대한 열정으로 가득 차 있다.

_____

(2) 끝까지 신문사에 남아 언론의 자유를 지키겠습니다.

_____

2 다음 문장의 의미가 명확하게 전달되도록 구체적으로 표현해 봅시다.

(1) 우리나라가 좋은 나라가 되기 위해서는 모든 국민이 착하게 살아야 합니다.

_____

_____

(2) 『육식의 종말』을 읽고 많은 생각을 했고 깨닫는 바가 많았다.

_____

_____

3) 비문에 주의하기

글을 쓰다 보면 어딘지 어색하고 의미를 파악하기 어려운 문장을 쓸 때가 있다. 주로 주어와 서술어, 목적어 같은 문장 성분이 호응하지 않거나 시제가 맞지 않거나 부사를 잘못 쓰는 경우가 그러한데, 이런 문장을 비문이라고 한다. 글에 비문이 많으면 독자는 글의 주제를 파악하는 데 어려움을 겪게 된다. 그러므로 글을 쓸 때 비문을 쓰지 않도록 주의해야 한다. 하지만 의도와 달리 비문은 누구나 쓸 수 있다. 중요한 것은 자신이 문장을 다시 읽어 보고 비문을 바로잡는 습관을 들이는 것이다. 무엇이 비문인지 찾기 어려울 때는 글을 소리 내어 읽어 보는 것이 좋다. 그 과정에서 쉽게 읽히지 않거나 한 번에 이해되지 않는 문장이 있다면 비문일 가능성이 높으므로 반드시 수정을 해야 한다.

또한 불필요한 피동표현과 사동표현을 사용하지 않도록 주의해야 한다. 이러한 문장은 동작을 행한 사람이 드러나지 않거나 흐릿하게 표현되기 때문에 문장 전체의 의미를 모호하게 만들 수 있다. 또한 필자의 생각에 논리적 근거가 부족하거나 책임을 회피하는 것처럼 보이기 때문에 반드시 주의해야 한다.

1 문장 성분의 호응에 유의하여 다음 문장을 바르게 고쳐 봅시다.

(1) 신문은 정치, 경제, 사회, 문화 등의 우리 주변 일들이 모두 기사 대상이다.

(2) 그들은 결코 이 일을 그냥 넘어갈 것이다.

(3) 공사로 인해 도마동 사거리에 차가 막히고 있습니다.

(4) 배재대학교를 찾아주심을 환영합니다.

(5) 우리에게 가장 소중한 것은 자기 자신을 알아야 한다.

2 다음 문장에 나타나는 불필요한 피동, 사동 표현을 바르게 고쳐 봅시다.

(1) 통일이 하루 빨리 이뤄지도록 우리 모두 힘을 모아야 합니다.
_____

(2) 월평숲이 아름답게 가꾸어지는 데 긴 시간이 필요합니다.
_____

(3) 이곳에 주차를 시키면 안 됩니다.
_____

(4) 우리는 이 위기를 이길 수 있을 것이라 보여집니다.
_____

4) 번역투 문장에 주의하기

언어는 그것을 사용하는 사람들의 문화와 인식을 드러내는 표지이다. 최근 우리나라 사람들이 사용하는 언어 표현에는 다양한 언어가 혼재되어 있는데, 이것을 보면 우리가 여러 국가의 언어와 문화를 접하고 있음을 알 수 있다. 하지만 이 과정에서 우리 고유의 언어 표현이나 문체가 파괴되고 있어 주의가 필요하다. 특히 많은 사람들이 자신도 모르게 사용하고 있는 번역투 문장은 더욱 그러하다. 번역투 문장은 우리나라 어법에는 없지만 외국어를 우리말로 번역하면서 생긴 이질적인 표현이다. 이러한 표현은 우리 문장을 어색하게 만들 뿐 아니라 가독성을 떨어뜨린다. 외국과의 접촉에서 생겨난 표현을 무조건 배척해서는 안 되겠지만 좋은 우리말을 두고 굳이 낯설고 어법에 맞지 않은 문장을 쓰는 것 역시 좋지 않으므로 주의가 필요하다.

● 다음 번역투 문장을 바르게 고쳐 봅시다.

(1) 그는 희망찬 미래에 대한 기대감으로 성실성 있게 살아왔다.

(2) 금액적으로 부담이 되어 구매를 고민해 봐야겠습니다.

(3) 앞으로의 한국 경제는 새로운 차원으로의 도약을 이룩해야 합니다.

(4) 열이 나고 머리가 아플 경우에는 진통제를 드시길 바랍니다.

(5) 과학기술 분야에 있어서 전문성을 요하는 인재가 필요합니다.

(6) 나는 친구들과 유익한 시간을 가지는 중에 있다.

(7) 많은 학생들이 학교로부터 30킬로미터 떨어진 공원까지 걸어갔다.

(8) 밤샘 작업을 통해 한 개의 프로젝트를 완성했다.

4. 유기적인 단락 쓰기

단락은 '긴 글을 내용에 따라 구분한 토막'을 말한다. 모든 단락은 그 자체로 완결성을 가지고 있는 글 속의 글로 들여쓰기와 줄 나눔을 통해 구분할 수 있다. 일반적으로 글은 구조화된 체계에 따라 단계적으로 서술된다. 그래야만 글의 주제가 체계적이고 논리적으로 드러나기 때문이다. 단락은 글의 처음·중간·끝을 독립적으로 담당하고 있고 서로 유기적으로 결합하면서 한 편의 글을 구성한다. 이는 우리 몸의 여러 부위가 각각의 역할을 수행하면서도 동시에 서로 영향을 미치는 것과 같은 이치이다. 좋은 글을 쓰려면 이러한 단락의 구성 원리를 이해해야 한다.

첫째, 단락을 쓸 때는 내용에 통일성을 기해야 한다. 하나의 단락은 오직 하나의 소주제만을 내포하고 있어야 한다. 이를 위해서는 소주제와 이를 뒷받침하는 보조문장들 사이에 일관된 흐름이 필요하다. 그렇지 않으면 글이 산만해져서 글쓴이가 전달하고자 하는 바가 무엇인지 독자가 파악하기 어렵다. 둘째, 소주제를 구체화해야 한다. 보조문장을 통해 소주제를 구체적으로 설명하여 독자가 필자의 생각을 쉽고 명확하게 이해할 수 있도록 서술해야 한다. 셋째, 단락의 내용이 글 전체 주제에서 벗어나면 안 된다. 여러 문장들이 모여 단락을 이룬 것처럼 단락 역시 글을 구성하는 일부분이다. 그렇기 때문에 단락은 글 전체의 주제를 나타내기 위한 논리적인 구조 안에서 제 역할을 수행해야 한다. 이러한 단락의 구성 원리를 기억하고 자신의 생각을 한 단락으로 쓰는 연습을 거듭한다면 글쓰기 능력을 강화하는 데 큰 도움이 될 것이다.

실제 단락을 쓰기 위해서는 단락의 기술양식 네 가지를 알아놓을 필요가 있다. 묘사와 서사는 필자의 예술적 감각에 근거하여 사실에 대한 주관적 인상과 해석을 드러내는 주관적 기술 양식에 해당하고, 설명과 논증은 과학적인 사고에 근거하여 사실을 진술하는 객관적 기술 양식에 해당한다. 쉽게 말해 묘사와 서사가 독자의 상상력에 호소하는 기술양식이라면 설명과 논증은 독자의 이해력에 호소하는 기술양식인 것이다. 각 기술 양식을 간단히 소개하면 다음과 같다.

1) 묘사

묘사(description)는 사물의 어떠함을 그리는 것이다. 즉, 대상의 모양이나 빛깔, 감촉, 냄새, 소리, 맛 등을 그림 그리듯이 구체적으로 기술하는 양식이다. 필자는 자기만의 감각을 통해 대상, 인물, 상황 등을 받아들이고 그것을 묘사하여 독자들에게 구체적으로 제시한다. 그리고 독자는 그 묘사를 읽고 해당하는 이미지를 상상함으로써 대상을 간접적으로 체험할 수 있다.

2) 서사

서사(narration)란 행동이나 사건을 이야기하는 법을 말한다. 누가 어떻게 하느냐, 무엇이 어떻게 움직이느냐, 그 사건이 어떻게 진행되느냐 하는 것을 시간적인 순서에 따라 적어 나타내는 것으로 '이야기'라고 할 수도 있다. 하지만 아무런 사건이나 행동을 의미 없이 나열한다고 해서 서사가 되는 것은 아니다. 서사에서는 사건이나 행동 간 의미의 인과관계를 성립하는 것이 무엇보다 중요하다. 이를 다른 말로 개연성 있는 사건의 전개라고 한다.

3) 설명

설명(explanation)이란 일정한 사물이나 어떠한 문제를 알기 쉽게 풀이하거나 그 사실에 대해 자세하게 해명하여 그것의 실체가 무엇인가를 알게 해 주는 기술 양식이다. 다른 사람의 궁금증이나 의문을 알기 쉽게 풀어줌으로써 문제에 대한 이해를 돕는 기술이며, 누군가가 알고 싶어 하는 것의 실체에 대하여 개념화된 정보를 제공해 줄 수 있는 방식이다. 설명에는 지정, 정의, 비교, 대조, 예시, 분류, 구분, 분석 등의 하위 방법이 있다.

① **지정**(指定, appointment): 설명의 방법 중에서 가장 널리 쓰이는 방법으로, 인지된 구체적 사물을 있는 그대로 말하는 방식이다.

② **정의**(定義, definition): 논의 대상을 보편적으로 설명하기 위해 용어나 기호의 의미를 확실하게 규정한 것으로, 외연적 정의와 내포적 정의가 있다.

③ **비교**(比較, comparison): 둘 이상의 대상들 사이에 존재하는 유사점을 밝히는 것이다.

④ **대조**(對照, contrast): 두 대상 간의 차이점을 밝히는 것이다.

⑤ **예시**(例示, example): 대상에 대한 구체적인 본보기가 되는 예를 들어 설명하는 방식이다.

⑥ **분류**(分類, classification): 하위개념에 속하는 여러 개념들의 공통점을 추상화하여 더 큰 갈래로 묶는 방식이다.

⑦ **구분**(區分, sectionalizing): 상위개념을 그 속에 속하는 작은 하위개념으로 나누어 설명하는 방식이다.

⑧ **분석**(分析, analysis): 하나의 사물이나 개념이 어떻게 이루어졌는지를 일정한 관점에 따라 나누고 각 요소의 내용을 밝히는 방식이다.

4) 논증

논증(argument)은 어떤 문제에 대하여 자기 나름의 견해나 주장을 내세우고 합리적으로 뒷받침하는 것이다. 즉, 아직 명백하지 않은 사실이나 원칙에 대하여 그 진실 여부를 증명하기 위한 기술 방식을 의미한다. 또한 독자로 하여금 필자가 증명한 바를 옳다고 믿게 하고 그 증명하는 바에 의거하여 행동하게 하는 기술 방식으로도 볼 수 있다. 논증에서는 확실한 논거를 바탕으로 타당한 추론을 전개하는 것이 무엇보다 중요하며 자신의 주장에 대한 진실성과 적합성을 하나하나 증명해 보여야 한다.

> **설명과 논증**
>
> 　설명이 문제를 풀이하여 독자를 이해시키는 것이라면, 논증은 적절한 근거를 활용하여 자신의 견해를 설득하는 것이다. 예를 들어 종교를 소재로 글을 쓴다고 하자. '종교의 개념, 종류, 믿는 방법' 등의 정보를 알려주는 글을 쓴다면 그 글은 설명하는 글이다. 하지만 '사람은 종교를 믿어야 한다', '종교에서 이야기하는 규율은 반드시 지켜야 한다'와 같이 자신의 견해를 밝히고 그것을 설득하는 글을 쓴다면 그 글은 논증하는 글이다.

1 최근 있었던 사건을 묘사나 서사의 방법을 활용하여 한 단락으로 작성해 봅시다.

2 '자신의 관심사'를 소재로 설명이나 논증하는 글을 짧게 작성해 봅시다.

5. 글쓰기 윤리 지키기

표절의 한자어인 '剽竊'은 '겁박하여 훔치다'라는 뜻을 지니고 있으며, 영어 단어인 'plagiarism'은 '훔치다'라는 뜻을 가진 라틴어 'plagiaire'를 어원으로 한다. 이 두 단어에 내포되어 있는 공통된 의미는 '남의 것을 훔친다'는 것이다. 그런데 이때 훔치는 대상이 구체적 물건이 아닌 다른 사람의 생각이나 글 같은 정신적 산물이라는 점에서, 표절은 단순 절도가 아닌 지적 절도 행위로 규정할 수 있다.

표절에 대한 자세한 정의는 다음 표와 같다.

표절에 대한 정의

기관	정의
교육부 「연구윤리 확보를 위한 지침」 제12조 제3항	표절은 다음 각 목과 같이 일반적 지식이 아닌 타인의 독창적인 아이디어 또는 창작물을 적절한 출처표시 없이 활용함으로써, 제3자에게 자신의 창작물인 것처럼 인식하게 하는 행위 가. 타인의 연구내용 전부 또는 일부를 표시하지 않고 그대로 활용하는 경우 나. 타인의 저작물의 단어·문장구조를 일부 변형하여 사용하면서 출처표시를 하지 않는 경우 다. 타인의 독창적인 생각 등을 활용하면서 출처를 표시하지 않는 경우 라. 타인의 저작물을 번역하여 활용하면서 출처를 표시하지 않는 경우
한국학술단체총연합회 연구윤리지침 (2009. 9.)	의도적이든 비의도적이든 일반적 지식이 아닌 타인의 아이디어나 저작물을 적절한 출처표시 없이 자신의 것처럼 부당하게 사용하는 학문적 부정행위
출판윤리협의회 (Committee on Publication Ethics: COPE)	다른 사람의 출판된 또는 출판되지 않은 아이디어(연구 제안서 포함)를 인용 없이 사용하거나 새로운 저자로 논문을 출판하는 것
미국의 연구부정행위처리에 관한 규정(42 CFR Part 93)	타인의 아이디어, 연구 과정, 연구 결과 또는 단어들을 적절한 출처를 밝히지 않고 착복하는 것

두산백과사전	다른 사람이 창작한 저작물의 일부 또는 전부를 도용하여 사용하여 자신의 창작물인 것처럼 발표하는 것으로, 보통 학문이나 예술의 영역에서 출처를 충분히 밝히지 않고 다른 사람의 저작을 인용하거나 차용하는 행위를 가리킴
문학비평용어사전	시나 글을 짓는 데 있어서 남의 작품 내용의 일부나 어구(語句), 또는 학설을 허락 없이 몰래 끌어다 쓰는 행위를 일컫는 말
서울대학교 연구윤리지침 (2010. 7.)	타인의 연구 성과, 연구 아이디어, 연구데이터 및 문장을 마치 자신의 것처럼 사용하는 행위
미국 피츠버그 대학교 (University of Pittsburgh)	다른 사람의 언어, 데이터, 아이디어를 발표하면서 그 발표 매체에 적합한 형태로 그것이 그 사람의 것이라고 나타내지 않고 자신의 것처럼 하는 것

교육과학기술부, 연구재단

대학은 학문을 위한 공동체이다. 그렇기 때문에 대학에서 다양한 학문을 주제로 사유하고 토론하며 글을 쓰는 것은 일상적인 일이다. 특히 대학에서의 글쓰기는 학문의 결과를 증명하는 결과물을 만들어내는 과정으로 매우 중요하다. 그리고 이 과정에서 글쓰기 윤리는 학문을 수행하는 주체로서 반드시 지켜야 할 사항이다.

그런데 최근 학계나 사회 각 분야에서 표절 행위에 대한 비판적 목소리가 높다. 대학에서도 시험이나 과제의 표절 심의를 엄격히 해야 한다는 의견이 점점 강조되고 있다. 이것은 그만큼 우리 사회에 표절이 만연하다는 방증이다. 대학은 진리 탐구라는 가치를 실현하는 교육기관으로 그 어떤 집단보다 윤리적 행위가 강조되는 곳이다. 대학에서 공부를 하는 학생들 역시 과제나 시험 등 글쓰기 과정에서 글쓰기 윤리를 엄격하게 준수해야 할 것이다.

대학에서 학술적 글쓰기를 할 때 자신의 의견과 타인의 의견을 명확히 구분하고, 타인의 의견을 인용할 때에는 적절한 방법으로 출처를 표기해야 한다. 이를 위해서는 정확한 출처 표기 방법을 알고 사용할 수 있어야 한다.

출처 표기 방법

1. 단행본

글쓴이, 번역가, 『책 제목』, 출판사, 출판연도, 인용 쪽.

예
- 김화선 외, 『세상을 바꾸는 글쓰기와 읽기』, 인문과교양, 2021, 47쪽.
- 알베르 카뮈, 김화영, 『페스트』, 민음사, 2011, 120쪽.

2. 논문

글쓴이, 「논문 제목」, 『학술지 이름』 제○○권, 학술단체, 출판연도, 인용 쪽.

예
- 박현이, 「의사소통역량 강화를 위한 글쓰기와 말하기 연계 교육 연구」, 『문화와융합』 제42권 제7호, 한국문화융합학회, 2020, 193-227쪽.
- 이희영, 「대학 비교과 교육과정 표준 모델 개발 연구」, 『대학교양교육연구』 제6권 제1호, 배재대학교 주시경교양교육연구소, 2021, 105-126쪽.

3. 외서

글쓴이(출판연도), "논문 제목", *출판사*, 인용 쪽.

예 Peter Elbow(1998), "Writing With Power" *Oxford University Press*, pp. 110-113.

4. 사전류

「표제어」, 『사전 이름』, 제작사.

예 「소통」, 『표준국어대사전』, 국립국어원.

5. 신문 기사 및 칼럼

글쓴이, "기사(칼럼) 제목", 〈신문사〉, 발간일자.

예 김하윤, "가장 아름다운 인연", 〈대전일보〉, 2020. 5. 21.

6. 인터넷 자료

"자료 제목", 〈사이트 이름〉, 작성일, 인터넷주소(검색일자).

예 "한글날 인물탐구: 한글의 개척자_주시경 선생님", 〈배재대학교 공식블로그〉, 2020. 10. 9., https://blog.naver.com/PostView.naver?blogId=paichaiuniv&logNo=222110058922&categoryNo=109&parentCategoryNo=&from=thumbnailList(2021. 6. 30.).

글쓰기 윤리에 대한 평소 자신의 생각과 태도를 점검하고, 앞으로의 다짐을 자유롭게 작성해 봅시다.

글쓰기(과제물) 윤리서약서

　나는 앞으로 대학 생활 동안 글쓰기 윤리를 준수하며, 정직하고 엄정하게 연구를 수행하고, 학문의 진실성을 훼손하는 부정행위를 하지 않을 것을 굳게 서약합니다.

학과: _____

학번: _____

학년: _____

이름: _____

1. 나는 정확한 출처 없이 다른 사람의 글이나 아이디어를 사용하지 않겠습니다.
2. 나는 글쓰기 과정에서 인용할 자료를 왜곡하지 않으며, 인용 표시를 바르게 하겠습니다.
3. 나는 도표나 데이터를 위조 혹은 변조하지 않겠습니다.
4. 나는 반드시 스스로 연구한 것을 바탕으로 글을 작성하겠습니다.
5. 나는 동일한 과제물을 다른 교과목에 제출하지 않겠습니다.
6. 나는 과제물을 타인에게 받거나 구매하여 제출하지 않겠습니다.

확인자 _____ (서명)

글쓰기 윤리점검표

구분	번호	항목	예	아니오
위조	1	존재하지 않는 데이터 또는 연구 결과 등을 허위로 만들어 사용한 것이 있다.		
변조	2	연구 과정(절차)을 인위적으로 조작하거나 데이터를 임의로 변형, 삭제하여 연구 내용 또는 결과를 왜곡하였다.		
표절	3	이미 발표(게재)된 타인의 독창적인 아이디어나 저작물을 활용하면서 출처를 표기하지 않은 것이 있다.		
	4	일반적 지식이 아닌 타인의 독창적인 개념(용어), 어휘(구), 문장, 단락, 그림, 표, 사진, 데이터 등을 직·간접적으로 활용면서 출처를 표기하지 않았다.		
	5	타인이 쓴 글을 다른 표현으로 바꾸거나 요약하여 사용하고 출처를 표시하지 않은 것이 있다.		
	6	타인이 인용한 인용문을 인용하였지만 재인용 표시를 하지 않고 직접 원문을 본 것처럼 1차 문헌에 대한 출처를 표시하였다.		
	7	타인의 저작물을 그대로 가져와 사용한 뒤 상당 부분을 참조하였다고 출처 표기를 하였다.		
중복 게재	8	자신의 이전 저작물을 출처 표시를 하지 않고 활용하였다.		
부당한 저자 표시	9	저자로서 정당한 자격을 갖추지 않은 사람에게 저자 자격을 부여하였다.		
예방 노력 여부	10	연구보고서 등 연구성과물에 대해 표절검사 같은 최소한의 예방적 조치를 하지 않았다.		

본인은 본 연구보고서를 작성하는 과정에 연구윤리를 준수하기 위해 상기 항목들을 성실하게 점검하였음을 확인합니다.

_____(서명)

■ 서지 사항에 담겨 있는 정보를 확인하여 출처를 표기해 봅시다.

(1)

아몬드

초판 1쇄 발행 • 2017년 3월 31일
초판 26쇄 발행 • 2018년 5월 9일

지은이 • 손원평   펴낸이 • 강일우
책임편집 • 정소영 김영선   조판 • 신혜원

펴낸곳 • (주)창비
등록 • 1986년 8월 5일 제85호
주소 • 10881 경기도 파주시 회동길 184
전화 • 031-955-3333
팩스 • 영업 031-955-3399 편집 031-955-3400
홈페이지 • www.changbi.com
전자우편 • ya@changbi.com

ⓒ 손원평 2017
ISBN 978-89-364-3426-7 03810

(2)

육식의 종말

2002년 1월 18일 초판 1쇄 발행
2015년 6월 18일 초판 33쇄 발행

지은이 • 제레미 리프킨   옮긴이 • 신현승
발행인 • 이원주   책임편집 • 이한아
책임마케팅 • 문무현

발행처 • (주)시공사
출판등록 • 1989년 5월 10일(제3-248호)
주소 • 서울특별시 서초구 사임당로 82
전화 • 편집 02-2046-2853 마케팅 02-2046-2894
팩스 • 편집 02-585-1755 마케팅 02-588-1755
홈페이지 • www.sigongsa.com

ISBN 978-89-527-1757-3 03840

주제가 있는 에세이 쓰기

1. 글쓰기의 과정

흔히 글쓰기의 과정을 구상하기, 표현하기, 고쳐쓰기 3단계로 구분한다. 하지만 이 과정은 컴퓨터 프로세스처럼 도식화되어 순서대로 진행되는 것은 아니다. 각 과정은 여러 가지 외부적 요인에 영향을 받아 순서대로 진행되다 어느 순간 회귀하기도 한다. 중요한 것은 각 과정별로 수행해야 할 과제를 충실하게 수행하는 것이다. 이것을 보아 글쓰기는 매우 복합적이고 반복적인 과정이며 또 필자의 종합적 사유 능력을 필요로 한다는 것을 알 수 있다.

구상하기는 내가 무엇에 대해 어떻게 글을 쓸지 생각하고, 그것을 체계적으로 조직화하는 단계이다. 이 단계에서는 다양한 자료를 수집하며 글감을 찾고 주제를 정해야 한다. 그리고 주제를 효과적으로 전달하기 위한 글의 개요를 작성하고 기술 방법 등을 계획해야 한다. 표현하기는 구상하기 단계에서 정리된 생각과 자료를 구체화하여 실제로 글을 작성하는 단계이다. 글은 서론-본론-결론의 형태를 갖추어 작성해야 한다. 고쳐쓰기는 작성한 글을 다시 읽어 보며 부족한 부분을 보완하는 단계이다. 구성이나 표현을 수정할 수도 있고 사소하게는 맞춤법 등을 바로 잡기도 한다. 이상의 3단계를 충실히 거치면 누구나 좋은 글을 쓸 수 있다.

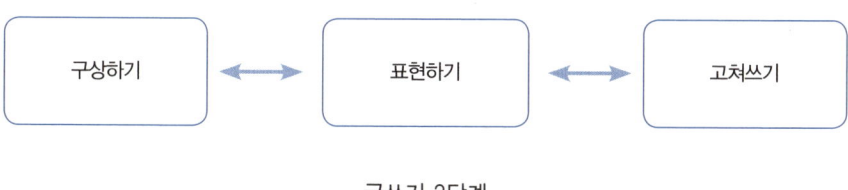

글쓰기 3단계

유의해야 할 것은 앞서 이야기한 것처럼 이 세 단계가 일회적이고 선조적인 과정으로 진행되지 않는다는 것이다. 사람에 따라 일단 글을 시작한 후에 그것을 다듬으며 구상을 하기도 하고, 구상한 것을 기반으로 차근차근 글을 쓰기도 한다. 어떤 사람은 고쳐쓰기를 끝낸 이후에도 새로운 표현을 덧붙이기도 한다. 이는 글쓰기에 정해진 방법이 없음을 의미한다.

다만 글쓰기를 어려워하는 미숙한 필자일수록 구상하기와 표현하기, 고쳐쓰기 순서로 글을 진행하는 것이 좋다. 그래야 쓰고자 한 주제를 흔들림 없이 나타내는 데 유리하기 때문이다.

2. 구상하기

글을 쓰기 위해서는 제일 먼저 무엇에 대해 글을 쓸 것인지 고민해야 한다. 이를 글감 찾기 과정이라고도 한다. 글감은 글의 재료로, 글에서 다루는 대상을 의미한다. 이러한 글감은 외부에서 주어지는 경우도 있고 스스로 찾아서 선택해야 하는 경우도 있다. 중요한 것은 글감을 찾은 뒤에 글감에 대한 다양한 자료를 충분하게 수집해야 한다는 것이다. 사실이나 정보, 경험이나 느낌, 사회적 이슈 등 글감에 대한 자료가 많을수록 좋은 글을 쓸 수 있는 가능성도 높아진다.

글감: 소외된 이웃

1. 최근 뉴스
   ① 더위에 그대로 방치되어 있는 소외된 어르신들 모습(사진 이용)
   ② 경제가 어렵다는데 백화점 명품관의 매출은 최고치(그래프 이용)
   ③ 경제적인 어려움을 이유로 가족을 모두 죽이고, 자살한 30대 가장 이야기
   ④ 사회의 계층 사다리가 무너져 개천에서 용이 나기 어렵다는 르포 기사

2. 나의 경험
   ⑤ 경제적으로 가정이 힘든 시기에 옆집 할머니가 매번 밥을 챙겨 주었던 경험
      (+ 할머니가 했던 말, 그때 들었던 생각)
   ⑥ 맞벌이하던 부모님으로 인해 자주 혼자 있어 많이 외로웠던 어린 시절 경험

3. 예전에 읽었던 책
   ⑦ 『난쏘공』: 아무리 노력해도 가난을 벗어날 수 없었던 난쟁이 가족
   ⑧ 『구별짓기』: 자본의 격차가 심화되는 과정을 설명하는 이론

4. 사전적 정의
   ⑨ 소외: 어떤 무리에서 기피하여 따돌리거나 멀리함
   ⑩ 이웃: 가까이 사는 집. 또는 그런 사람

글감에 대한 자료를 검토하며 글의 방향을 구체화하고 나면 글의 주제를 선정해야 한다. 주제는 글감과 관련한 여러 영역 중 특히 초점을 맞추는 부분을 의미한다. 하나의 글에는 반드시 하나의 주제만 있어야 하며, 글의 모든 문장과 단락은 이 주제를 효과적으로 드러내는 데 기여해야 한다.

제목: 밥 한공기의 따뜻함

1. 서론
- 경제적 어려움을 이유로 가족을 모두 죽이고, 자살한 50대 가장의 뉴스(자료 ③)
- 경제적 어려움으로 인하여 삶을 살아가는 것이 점점 더 어려움(내 생각)

2. 본론
- 소설 속 난쟁이 아버지의 모습(자료 ⑦, 『난쏘공』 내용 활용)
- 온 가족이 열심히 노력해도 나아질 수 없는 현실과 가난의 대물림
  → 계층 상승의 사다리가 없어짐(자료 ④)
- 힘든 날, 옆집 할머니가 차려 주신 밥 한 그릇과 따뜻한 말 한마디에 위로를 받고 희망을 얻었음(자료 ⑤)

3. 결론
- 소외된 이웃에 대한 따뜻한 관심이 필요함
- 이러한 관심이 우리의 이웃을 더 이상 잃지 않는 방법(서론과 연결)

주제를 선정하고 나면 수집한 자료를 취사선택하며 어떤 순서와 방식으로 글을 쓸지 고민해야 한다. 이것은 글을 체계적으로 조직화하는 과정이며, 건축에서 설계도를 작성하는 것과 같다. 글쓰기에서는 이를 개요 작성이라고 한다. 글의 서론, 본론, 결론 각 부분을 어떻게 작성할지 충분히 고민하며 개요를 작성해

야 하고, 개요를 완성한 후에는 그것이 적절한지 검토해야 한다. 개요를 작성하는 방법에 정답은 없다. 하지만 각 단락에서 드러내고자 하는 소주제는 무엇인지, 어떤 내용과 방법을 활용하려고 하는지는 분명하게 알 수 있도록 써야 실제 글을 쓸 때 도움을 얻을 수 있다.

앞의 예시처럼 서론, 본론, 결론에 대략 어떤 이야기를 서술할지 개요를 작성한 후 글을 쓰면 글의 흐름이 잘못될 가능성을 많이 줄일 수 있다. 글쓰기가 어려운 학생일수록 반드시 글을 쓰기 전 개요를 작성하는 습관을 들이길 바란다.

3. 표현하기

표현하기 단계는 구상하기 단계에서 정리한 자료와 생각을 실제 글로 구체화하는 과정이다. 이 단계에서는 글의 개요를 바탕으로 주제를 효과적으로 전달하기 위한 방식을 고민하면서 글을 작성해야 한다.

1) 서론 쓰기

글은 어떤 주제를 전달하겠다는 작가의 의지로 만든 문장의 결합체이다. 대부분의 작가는 글을 쓰기 전에 치밀한 전략을 세우는데, 이때 가장 공을 들이는 부분이 서론이다. 왜냐하면 독자는 서론을 읽으며 글의 인상을 결정하고 그것을 읽을 것인지 말 것인지 판단하기 때문이다. 아무리 좋은 글이라도 서론에서 독자를 사로잡지 못하면 그 글은 실패한 글이 된다. 글을 통해 전달하고자 하는 주제도 독자에게 닿을 수 없다. 이를 두고 E. A. 포우는 "첫머리의 실패는 이야기 실패의 첫걸음"이라고 하기도 했다. 좋은 서론은 글에서 다루는 문제의식을 효과적으로 드러내며 독자의 흥미를 끌고 최대한 강렬한 인상을 남긴다. 이러한 서론을 쓰는 정해진 방법은 없지만 다음의 몇 가지 방법을 참고할 수 있다.

(1) 짧은 이야기를 활용하여 글을 시작하는 방법

이 유형은 누군가의 경험이나 시사적 이슈 등 구체적 사건이나 이야기를 언급하며 글을 시작하는 방법이다.

> 어느 잡지사에 다니는 한 직원이 취재를 위해 서울의 철거촌을 찾았다. 그리고 어느 세입자 가정의 마지막 식사시간에 함께하게 된다. 화기애애해야 할 식탁엔 적막만이 감돈다. 분위기를 이내 감지했는지 식기마저 입을 다문다. 이윽고 고요한 식사시간을 시샘이라도 하듯 적막을 깨며 담장이 무너진다. 마을 전체가 뿌연 흙먼지로 뒤덮인다. 사람들은 저마다 무너지는 지붕에서 떨어진 시멘트 조각을 끌어안고 땅바닥에 주저앉는다. 그는 차가운 쇠망치를 들고 다니며 담장을 부수는 철거반원들 틈에 섞여 있다. 취재를 마치고 돌아오는 길, 그는 잡지사 근처 문구점에서 노트 한 권과 볼펜 한 자루를 산다. 그리고 한 자 한 자 이야기를 담는다. 『난쏘공』의 시작이었다.
>
> 행정학과 학생 글
>
> 방황하고 있었다. 학과를 선택하고, 원서를 쓰면서도, 결국에 입학해서 학교에 다니고 있으면서도 아직 자신이 없었다. '과연 이게 맞는 길인가?' 여러 방면으로 생각하고 또 해도 확실한 답을 얻을 수 없었다. 생각을 너무 많이 한 탓일까 괜찮은 결론을 내릴 수 없었고, 고민의 답을 미루고만 있었다. 확신이 없는 일이라 그런지 공부도, 일도 좋은 결과를 얻지 못하였다. '나는 왜 안 될까?' 생각만 하면서 하루하루를 보내고, 그렇게 가슴속에는 조급함만 쌓여 가고 있었다. 그러던 중 『나무야 나무야』에서 만난 "어리석은 자의 우직함이 세상을 조금씩 바꿔 갑니다"라는 한 문장이 나의 가슴을 때렸다.
>
> 국어국문·한국어교육학과 학생 글

첫 번째 예문에 활용된 이야기는 『난쟁이가 쏘아올린 작은 공』을 발표한 조세희 작가의 실제 일화이다. 작가가 어떤 의미로 소설을 집필했는지를 살펴보며 도시 재개발 과정에서 소외되는 사람들에 대한 이야기를 자연스럽게 이끌어 내고 있다. 두 번째 예문은 자신의 경험을 일화로 제시하며 글을 시작하고 있다. 자신의 솔직한 고민을 드러내며 독자에 대한 공감을 불러일으키고 있다는 점이 장점이다.

이처럼 짧은 이야기를 활용한 서론은 독자의 공감을 바탕으로 글에 대한 흥미를 유발하는 데 매우 효과적이다. 하지만 주제와 어울리지 않을 경우 글의 주제를 방해하는 신변담이 될 수 있으니 주의가 필요하다.

(2) 주제와 관련된 용어나 개념을 설명하며 글을 시작하는 방법

이 유형은 글에서 중요하게 다룰 대상이나 용어의 개념을 설명하면서 글을 시작하는 방법이다. 글에서 사용되는 핵심어가 어려운 용어라서 반드시 설명이 필요하거나 누구나 다 알고 있는 의미를 확대하여 독자의 관심을 환기하고자 할 때 주로 사용한다.

> 배낭은 '물건을 넣어서 등에 질 수 있도록 하는 가방'이다. 보통 배낭은 길고 고단한 여행을 갈 때 사용하는데, 그렇기 때문에 꼭 필요한 물건만 넣어 가는 것이 일반적이다. 그래서 나는 배낭만큼 주인의 상황을 잘 표현하는 것은 없다고 생각한다. 예를 들어서 전투식량, 야전삽, 판초우의, 수통, 침낭 등이 들어 있는 눈에 잘 띄지 않는 색의 배낭을 하나 발견했다고 치자. 그렇다면 대부분의 사람들은 그 가방의 주인이 군인이라고 유추할 것이다. 그런데 이런 이 물건 사이에 '시집'이 들어 있다면 어떨까? 이것은 쿠바의 혁명가 체 게바라의 이야기이다.
>
> 스페인어 · 중남미학과 학생 글

때때로 띄어쓰기 하나가 커다란 의미의 차이를 가져올 때가 있다. '잘산다'와 '잘 산다'가 대표적이다. 앞의 '잘산다'는 물질적으로 풍요로운 삶을 산다는 뜻이고 뒤의 '잘 산다'는 올바르게 산다는 뜻으로 정신적으로 풍요로운 삶을 산다는 의미이다. 요즘 나는 우리 사회가 '잘사는' 것에 너무 급급한 나머지 '잘 사는' 것을 놓치고 있는 것은 아닌지 고민이 될 때가 많다.

경영학과 학생 글

첫 번째 예문은 우리가 모두 알고 있는 배낭의 뜻을 설명하면서 그 안에 담긴 물건이 주인의 처지를 설명한다고 의미망을 확대하고 있다. 두 번째 예문은 비슷한 두 단어의 개념을 설명하면서 본론에서 기술할 내용을 자연스럽게 언급하고 있다. 이러한 방법을 사용하는 서론은 의외성을 바탕으로 신선함을 주기 때문에 독자의 호기심을 유발하는 데 매우 유리하다.

(3) 문제를 제기하며 글을 시작하는 방법

이 유형은 문제를 제기하며 서론을 시작하는 방법이다. 주장과 근거가 명확한 논증문에서 주로 사용한다.

"사고로 부모님이 돌아가신 A와 애완견을 잃어버린 B 중 더 큰 슬픔을 느끼고 있는 사람은 누구일까?"라는 선배의 질문에 "당연히 A죠."라고 대답했었다. 그러자 선배는 "슬픔을 절대적 수치로 계량 가능할까? 어느 누가 A의 슬픔과 B의 슬픔이 다르다고 말할 수 있을까?"라고 되물었고, 나는 말문이 막혔다. 선배는 그런 내게 『정의란 무엇인가』를 건넸다. "최대다수의 최대행복은 정말 실현 가능한 일일까?"라는 질문과 함께.

실버보건학과 학생 글

> 남아메리카 커피 농장을 취재한 다큐멘터리를 본 적이 있다. 중간 매매상들이 이윤을 창출하는 과정에서 혹사당하는 어린아이들을 보니, 보는 내내 마음이 편안하지 않았다. 우리가 4천 원씩 내고 먹는 커피 값의 일부분이 그 아이들에게 닿기까지는 너무 많은 길을 돌아야 했다. 이러한 <u>불공정 무역의 불합리성을 어떻게 극복할 수 있을까?</u>
>
> 무역물류경영학과 학생 글

첫 번째 예문에서 밑줄 친 질문을 읽어 보면 독자는 이미 어조를 통해 글쓴이가 공리주의에 반대하는 입장을 가지고 있음을 눈치 챌 수 있다. 또한 이어지는 본론에서 공리주의가 옳지 않은 이유와 실현될 수 없는 까닭이 설명될 것임을 예상할 수 있다. 두 번째 예문도 마찬가지이다. 이미 서론만 읽고도 이 글이 불공정 무역의 불합리성을 고발하고 그것을 극복하기 위한 대안을 모색하는 글임을 예상할 수 있다.

이처럼 문제를 제기하며 글을 시작하는 방식은 글쓴이가 자신의 주장을 분명하게 드러낼 수 있고, 독자 역시 그것을 쉽게 파악할 수 있다는 장점이 있다. 또한 독자의 능동적 읽기를 유도한다는 점에서도 유의미하다. 다만 이러한 방법으로 서론을 작성하고 나면 이어지는 본론에서 자신의 주장을 논리적으로 증명할 수 있는 근거를 반드시 제시해야 한다.

(4) 속담이나 명언 등을 인용하며 글을 시작하는 방법

이 유형은 우리에게 잘 알려진 속담, 명언, 어구 등을 활용하여 글을 시작하는 방법이다.

> 옛말에 '발 없는 말이 천 리 간다'고 했다. 전국 어디서나 인터넷을 할 수 있는 오늘날에는 발 없는 말이 만 리를 갈지도 모르겠다. 이젠 말뿐 아니라 고민 없이 쓰는 한 자락 글도 조심해야 되는 시대이다.
>
> 간호학과 학생 글
>
> '씹고 뜯고 맛보고 즐기고!'
>
> 잇몸이 강해야 고기를 씹고 뜯고 맛보고 즐길 수 있다는 한 잇몸 약 광고의 카피이다. 이 한 줄만으로도 한국인이 얼마나 육식을 사랑하는지 짐작할 수 있다.
>
> 심리상담학과 학생 글

첫 번째 예문에서는 속담을, 두 번째 예문에서는 광고 카피를 인용하고 있다. 이러한 방법은 친숙한 표현을 통해 독자들이 친근감을 가지고 글에 접근할 수 있다는 장점이 있다. 또한 글의 내용이 많은 사람들이 공감할 수 있는 보편성을 기반으로 한다는 인상을 줄 수도 있다. 무엇보다 인용구의 내용이 글의 논리와 잘 맞아떨어질 때 글쓴이의 생각을 뒷받침할 수 있는 근거로 활용할 수도 있다. 글의 주제와 인용한 문구가 긴밀하게 연관될수록 독자는 글의 핵심 내용을 빠르게 파악할 수 있음을 기억하자.

글의 서론을 시작하는 방법은 앞의 네 가지 방법 외에도 무수히 많다. 글은 반드시 이렇게 써야 한다는 정답이 존재하지 않는 장르이다. 제시된 방법에 얽매이기보다 자신의 생각을 개성적으로 드러낼 수 있는 서론을 어떻게 쓸지 자유롭게 고민하며 글을 시작하는 것이 더욱 좋다. 다만 그것이 너무 어려워 글을 어떻게 시작해야 할지 어렵다면 앞의 네 가지 방법을 참고하여 활용해 보길 권한다.

2) 본론 쓰기

본론에는 글을 통해 전달하고자 하는 핵심 내용이 서술되어야 한다. 본론은 서론처럼 몇 가지의 작성요령이 있지 않다. 오로지 주제를 나타내기 위한 가장 최선의 구조와 흐름으로 작성하는 것이 필요할 뿐이다. 본론은 글쓴이의 생각과 근거가 자세히 드러나야 하는 부분이기 때문에, 그 누구보다 자기 자신이 가장 잘 알고 잘 쓸 수 있다. 구상하기 단계에서 작성한 개요를 참고하여 주제에서 벗어나지 않겠다는 생각으로 차근차근 쓰면 된다. 본론을 쓰는 과정에서 가장 중요한 것은 글쓴이의 생각과 흐름 그 자체이다. 이 과정에서 발생하는 실수는 고쳐쓰기 과정에서 얼마든지 바로잡을 수 있으니 두려워하지 말고 일단 써라!

다만 본론을 쓰는 과정에서 몇 가지 유의할 점이 있다. 첫째, 주제에서 벗어나지 않아야 한다. 글이 의사소통 도구로 기능할 때, 가장 중요한 것은 주제를 전달하는 일임을 잊으면 안 된다. 둘째, 자신의 생각과 그것을 뒷받침할 근거를 구체적이고 치밀하게 서술해야 한다. 글은 누가 뭐래도 글쓴이의 생각을 담는 그릇이다. 본론은 글의 분량에서 가장 많은 부분을 차지하므로 이 부분에서 글쓴이의 생각을 충분히 서술해야 한다. 셋째, 본론은 서론 및 결론과 연결이 자연스러워야 한다. 이 세 영역이 유기적으로 연결되어 한 편의 글을 구성하기 때문이다. 특히 본론은 서론과 결론 사이에 위치하는 연결고리 역할을 수행해야 하므로 그 중요성이 더욱 크다고 하겠다. 넷째, 글의 구성이나 흐름에 따라 단락을 구분해야 한다. 본론에서 다루는 내용에 따라 단락을 나누어야 독자들이 핵심 내용을 잘 파악하며 글을 읽을 수 있다. 마지막으로 했던 말을 반복하는 중언부언과 두루뭉술하고 추상적인 표현은 피해야 한다. 보통 이런 문장은 무엇을 써야 할지 구체적으로 계획하지 않고 글을 쓸 때 나타난다. 내가 전달하고자 하는 바를 분명히 하고 작성한 개요를 참고하여 글을 쓰면 이러한 실수를 방지할 수 있을 것이다.

3) 결론 쓰기

결론은 서론과 본론에 비해 상대적으로 쓰기 쉬운 편에 속한다. 앞서 밝힌 자신의 생각을 다시 한번 마무리하는 과정이기 때문이다. 결론을 쓰는 방법으로는 크게 세 가지가 있다.

(1) 본론에서 언급한 내용을 요약·정리하며 글을 마무리하는 방법

이 유형은 결론을 쓰는 가장 일반적이고 무난한 방법이다. 본론의 전반적인 내용을 요약하여 제시하면서 글의 주제를 분명하게 전달하는 방법이다.

어떤 선택도 완벽할 수는 없다. 빛이 있어서 어둠이 있는 것처럼 장점이 있으면 단점도 있다. 사람도 마찬가지이다. 우리는 우리가 완벽하지 않다는 사실을 받아들여야 한다. 스스로의 부족함을 인정하고 타인의 부족함을 이해해야 한다. 그렇게 각기 부족한 내가 모여서 좀 더 나은 우리가 되어야 한다. 둥근 지구 위에서 위태위태하게 서 있는 우리니까. 그래도 손잡으면 더 오래 서 있을 수 있으니까.

국어국문·한국어교육학과 학생 글

인류의 웅전을 위해선 작은 것부터 바꾸는 노력이 필요하다. 지구 환경의 변화가 조용히 어느새 찾아온 것처럼 우리도 작은 곳에서부터 조용히 변화해야 한다. 분리수거하기, 화학세제의 사용 줄이기, 대중교통 이용하기 등의 작은 변화가 DDT 사용의 억제까지 이어지는 큰 변화를 만들 수 있다. 죽어 가는 강들과 더는 들리지 않는 봄날의 새소리를 우리는 무겁게 받아들여야 한다. 작은 변화로 역사를 이어 갈 것인가, 아니면 마지막 역사의 페이지로 오늘을 기록할 것인가.

원예조경학과 학생 글

(2) 자신의 주장을 강조하며 글을 마무리하는 방법

강렬한 표현을 사용하여 독자에게 강렬한 인상을 남기거나 전문가의 말을 인용하는 방식으로 자신의 주장을 강조할 수 있다. 특히 전문가의 말은 주제의 신뢰성을 높이는 근거로 활용할 수 있어 더욱 효과적이다. 이때 주의해야 할 점은 반드시 관련 분야의 전문가의 말을 인용해야 한다는 것이다.

> 과학자들은 지금 인류가 행동해야 한다고 강조한다. 스테펀 교수는 가디언을 통해 "지금 행동하지 않으면 우리의 자녀 세대가 생존에 어려움을 겪게 될 것"이라고 경고했다. 매커리 교수는 뉴욕타임스와 인터뷰에서 "아직 재앙을 막을 시간이 있다. 모든 것은 인간에 달려 있다"고 말했다. 이제 정말 마지막 시기이다. 북극곰이 멸종하고 난 뒤 멸종할 대상은 바로 우리 인간이 될 수도 있다. 지구의 자연 곳곳에서 터져 나오는 소리 없는 절규를 가슴으로 귀담아 들어야 할 때이다.
>
> 전자공학과 학생 글
>
> 노엘 노이만은 "인간은 사회적 존재이기 때문에, 본능적으로 고립되는 것을 두려워한다"고 하였다. 바로 이 두려움 때문에 우리는 소수되기를 두려워했던 것이다. 하지만 이제는 인정해야 한다. 우리 모두는 언제나 다수이면서 동시에 소수이다. 내가 소외되지 않기 위해 타인을 소외하는 삶의 방식은 기어코 나의 소외로 돌아오기 마련이다. 우리는 기꺼이 낮은 자리에서 목소리 없는 자들의 울음을 듣고 대신 말해야 한다. 인간은 사회적 존재이기 때문이다.
>
> 미디어콘텐츠학과 학생 글

(3) 문학적 표현을 통해 글의 여운을 남기며 글을 마무리하는 방법

문학적 표현을 활용하여 주제와 관련한 생각, 느낌, 깨달음, 반성 등을 적절히 드러내면 독자들의 공감을 얻는 성공적인 마무리를 할 수 있다. 특히 이렇게 여운을 남기며 글을 마무리하는 것은 독자가 글을 다 읽고 난 뒤에도 더 생각할 여지를 남겨 놓는 것으로, 큰 감동을 얻을 수 있는 바탕이 되기도 한다. 때로는 짧은 비유 하나가 그 어떤 말보다 강력한 힘을 발휘하기도 한다는 것을 기억하자.

때로는 밥 한공기가 누군가의 무덤으로 보이기도 한다. 이 한 톨의 쌀이 내 밥상으로 오기까지 흘렸을 많은 이들의 눈물의 때문인지 오늘 따라 밥이 짜다.

중국통상학과 학생 글

일이 끝난 후 돌아오는 길은 너무나도 춥다. 가로등만이 텅빈 빛을 내뿜고 있을 뿐이다. 어두운 방에 들어서면 무거운 침묵이 나를 반긴다. 자그마한 내 행성……. 대상이 무엇인지 모르겠지만 안쓰럽다.

나는 더 이상 어리지도 왕자도 아니게 되었다.

의류패션학과 학생 글

이 외에도 결론을 쓰는 방법은 여러 가지가 있다. 앞에서도 이야기 했듯이 글쓰기는 정답이 없는 과정이기 때문이다. 하지만 반드시 피해야 할 결론은 있다. 글의 흐름이나 주제를 흩트리는 결론, 판에 박힌 듯한 진부한 결론 등이 그것이다. 이것들에 주의해서 마지막까지 자신이 말하고자 하는 주제에 집중하여 자기만의 결론을 써 보길 권한다.

4) 제목 정하기

　제목은 글의 전체적인 인상을 좌우한다. 그 어떤 글이든, 독자의 눈에 가장 먼저 들어오는 것이 바로 제목이기 때문이다. 제목은 글의 전체적인 주제를 내포하고 있으면서도 독창적이어야 한다는 것을 기억하고, 자신의 글의 핵심어를 찾아 좋은 제목을 정해 보길 바란다.

4. 고쳐쓰기

　고쳐쓰기는 일반적으로 글쓰기의 마지막 단계이다. 하지만 앞서 여러 번 강조한 것처럼 글쓰기는 일회적이고 선조적인 과정으로 이루어지지 않는다. 그렇기 때문에 고쳐쓰기는 글을 쓰는 과정에서 수없이 반복되는 것이 일반적이다. 하지만 글을 최종 완성하고 나면 반드시 마지막으로 한 번 더 검토하여 혹시 모를 오류를 바로 잡아야 한다.

　고쳐쓰기 단계에서 주로 활용하는 방법은 첨가, 삭제, 대체, 재배열이다. '첨가'는 추가로 내용을 더 쓰는 것을 의미한다. 고쳐쓰기 과정에서 글의 흐름상 설명이 부족하거나 논리적 비약이 있거나, 꼭 필요한 표현인데 빠져 있는 것을 발견한다면 추가적으로 더 서술하여 보완해야 한다. '삭제'는 내용을 지우는 것을 의미한다. 고쳐쓰기 과정에서 불필요한 내용이나 표현, 혹은 중복된 기술을 발견하면 과감하게 삭제해야 한다. '대체'는 처음 기술한 내용을 교체하여 다듬는 것을 의미한다. 문장의 흐름이나 단락의 전개에서 어색한 부분이 있으면 찾아서 조정해야 한다. 특히 사용하는 어휘가 적절하게 사용되었는지를 꼼꼼하게 확인하여 잘못 사용된 단어나 문장은 반드시 다듬어야 한다. 마지막으로 '재배열'은 글을 구성하는 단락이나 문장의 배열 순서를 조정하는 것이다. 문장의 순서를 바꾸는 것만으로도 글의 흐름이 자연스러워지는 경우가 많으므로 꼭 확인할 필요가 있다.

　이러한 고쳐쓰기는 한 번에 완벽하게 할 수 없다. 글의 주제나 흐름 같은 넓은 영역에서 시작하여 단어의 쓰임이나 오탈자 같은 좁은 영역을 살펴보는 순서로 여러 번에 걸쳐 진행하는 것이 일반적이다. 이 과정에서 주제는 잘 드러나는지, 글의 통일성이 잘 유지되고 있는지, 응집력이 부족하지는 않은지, 문장의 의미 전달은 잘 되고 있는지, 단어나 조사의 쓰임이 바르게 이루어졌는지 등 모든 부분을 꼼꼼히 살펴야 한다.

　이러한 고쳐쓰기 과정은 어쩌면 자기 자신과의 대화라고도 할 수 있다. 내가 쓴 글을 스스로 최선을 다해 다시 읽는 과정이기 때문이다. 이 과정을 충실히 수행할수록 글쓰기 능력이 크게 향상된다는 사실을 기억하고, 항상 퇴고하는 습관을 들이길 바란다.

5. 우수 에세이

같은 스무 살 다른 의미
유시민의 『어떻게 살 것인가』를 읽고

무역물류학과 조혜선

'만 18세' 스무 살은 대한민국 민법상 혼인과 약혼을 할 수 있는 최소 나이이다. 또한 선거권이 부여되므로 한 국민의 주체성이 드러나는 시기이기도 하다. 성인으로서의 첫 발걸음을 내딛기 전, 저마다 기대에 부푼 마음은 이루 말할 수 없다. 스무 살은 나이의 문턱에서 좌절되었던 것들을 마음껏 할 수 있으므로, 또 다른 '자유'가 부여되는 나이라 생각하곤 했었다. 그래서 스무 살이 되는 그날을 꿈꾸며 하고 싶은 일들을 수첩에 종종 적곤 했다. 운전하기, 염색하기 등등 그저 상상만으로도 행복한 시간이었다. 하지만 나의 노력은 하늘을 만족시키기에 역부족이었는지 나는 대입 실패의 쓴맛을 맛봐야 했고, 그로 인해 그 수첩을 끝내 펼치지 못했다. 그렇게 나에게 스무 살은 없었다.

쫓기듯 내가 선택한 결과는 재수였다. 엄밀히 말하면 선택이라고 할 것도 없었다. 오로지 남은 하나의 카드였을 뿐이다. 마지막 추가합격 전화가 오지 않던 그날, 난 시골의 한 기숙학원으로 향했다. 하지만 누군가 말했다. 사람은 쉽게 변하지 않는다고. 나도 그 말을 피해 갈 수 없었다. 나는 변하지 않은 채 뚝심 있게 잘못된 방법으로 공부를 했고, 결국 작년과 비슷한 결과를 냈다. 기대에 부풀었던 스무 살은 그렇게 허무하게 끝이 났다. '기회를 어떻게 이렇게 날려 버릴 수 있는가?'라는 생각이 점점 옥죄여 왔고, 나는 자책만 했다. 어쩌면 내 인생에서 스무 살은 없는 것이 아니라 변하지 않아 창피했던 내가 지워 버린 것일지도 모르겠다. 내가 정말 원망스럽기도 했지만 또 한편으로는 나에게 미안하기도 했다. 세상에 여러 길이 있는데 공부로 내 발목을 붙잡은 것은 아닌지, 주위의 부담과 나의 욕심이 어린 스무 살의 나를 갉아먹고 있었던 건 아니었는지 말이다.

하지만 언제까지 과거의 일에 얽매여 있을 순 없었다. 무엇보다 나는 과거의 실패로 주저앉고 싶진 않았다. 그게 어떤 길이든, 천천히 걸어가 보고 싶었다.

대학에 입학을 하고 막상 발걸음을 떼어 보니, 바깥세상은 내가 상상했었던 것보다, 훨씬 따듯하고 재밌었다. 학교와 학과에 애정과 자부심이 생기도록 좋은 지도를 해 주신 교수님, 교내외 활동으로 만난 소중한 인연들, 그리고 무엇보다 점차 주체성을 찾아가는 나를 볼 수 있었다. 그리고 그 과정이 무척이나 흥미로웠다. 그동안 내가 볼 수 없었던 또 다른 세계였기 때문이다. 내가 몰랐던 나를 발견하는 일, 새로운 사람을 만나 그 사람의 세계에 빠져드는 일……. 하루하루가 매력적이었다.

> 우리가 할 수 있고 해야 하는 일은 그 어떤 날카로운 모서리에 부딪혀도 치명상을 입지 않는 내면의 힘, 상처받아도 스스로 치유할 수 있는 정신적 정서적 능력을 기르는 것이다. 그 힘과 능력은 인생이 살 만한 가치가 있다는 확신, 사는 방법을 스스로 찾으려는 의지에서 나온다.
> 유시민, 『어떻게 살 것인가』, 생각의길, 2013, 56쪽.

그의 말에 전적으로 동의하는 이유는 나 또한 그 과정을 겪고 있기 때문이다. 내가 새장 속에 갇혀 있지 않고 나만의 길을 걸어간 이유는 삶을 포기하고 싶지 않았기 때문이다. 한 번의 큰 실패 경험이 있기에, 오히려 더 담담해졌고 또 다른 실패가 두렵지 않았다. 그래서 무모하게 여러 도전도 해 보고 학교생활을 더 열심히 했다. 결국 치부라 생각했던 나의 첫 실패는 이로운 결과를 야기했다. 그것은 성취였다.

돌이켜 생각해 보니 여지껏 내게 스무 살은 잊고 싶었던 나이이기도 했지만, 동시에 내 삶의 의지를 상기시킨 나이이기도 했다. 스무 살의 의미가 이렇게 변할지 몇 년 전의 나는 상상도 하지 못했다. 용기 있게 첫발을 떼었던 그날이 떠올랐다. 지레 겁을 먹고 용기 내지 않았다면 이 모든 것을 깨달을 수 없었을 것이다. 그게 어떤 길이든 가치 없는 길은 없다.

언젠가 기회가 된다면 구석에 웅크리고 있을 스무 살의 나를 만나고 싶다. 만난다면 따듯한 포옹을 해 줘야지. 그리고 이야기할 것이다. 좌절하지 않아도 된다고. 단언컨대 스무 살은 네 인생에서 최고의 나이였다고.

노력으로 쌓은 모래성

오찬호의 『우리는 차별에 찬성합니다』를 읽고

행정학과 정희주

차마 보지 않으려던 것을 봤습니다. 모르는 척, 끝끝내 외면하려 했습니다만 은연중에 알고 있던 걸까요. 내 또래의 젊은이가 모순적으로 말하고 행동하는 게 새삼스럽지 않습니다. 또한, 충격 받지 않은 내 모습이 되려 모른 체하려던 현실을 반영하는 사회상인 것만 같아 서글픕니다.

남들은 제게 말해 왔습니다. "저 애 참 착해. 어른들 말 잘 듣잖아." 하지만 친구들은 달랐습니다. "난 네 그런 행동이 싫어. 우릴 좀 더 생각하라고." 그러자 아빠는 제게 말했습니다. "참지 좀 마. 좀 더 이기적으로 굴어도 돼." 그러면 엄마는 이렇게 다그쳤지요. "그건 어디서 배워먹은 행동이니? 버르장머리 없는 것." 요구는 달라도 제게 하는 말은 같습니다. 노력하라고요. 그래서 저는 고분고분하게 굴었습니다. 남는 시간엔 공부에 힘을 쏟는 인생을 살았습니다. 저에겐 선택권이 없었고, 제 우물 속 세상은 너무 좁아서 이게 세상의 미덕인 줄로만 알았으니까요. 때론 치기 어린 마음에 떼를 쓰고 반항해도 결국 돌아오는 말은 이해가 아닌 강요였습니다. 그래서 저는 제 환경에 순응하고 주어진 길을 남들만큼 열심히 달렸습니다. 제 부족한 부분을 채우려 연습하고, 제 안의 못된 것을 살점 도려내듯 처절히 깎아 냈습니다. 그런데도 전 완벽한 사람이 아닙니다. 제 앞날엔 저를 시험할 더욱 험난하고 고된 난관이 기다리고 있으니까요.

이 글을 읽는 당신은 재학 중인 학교에 얼마나 만족합니까? 당신의 학점 같은 것은 어떤가요? 당신의 재정 상태나, 부모님의 부에는 만족하고 있나요? 그 외 다른 것들도 생각해 보세요. 오늘날 사회는 20대에게 질문의 탈을 쓴 요구를 내밉니다. 아주 많이요. 그 요구는 20대의 처절한 경쟁과 그 끝에 얻는 결과를 공평하게 여기라고 합니다. 설령 그것이 불합리할지라도요. 제 인생에 훈수를 뒀던 그들은 20대가 된 제게 다시금 말합니다. "성공하라!" 아, 그러려면 다시 노력해야겠죠.

한데 이번에는 노력으로 넘길 수 없는 벽을 만났습니다. 저는 생각했습니다. 그동안은 준비였을 뿐이고, 이 벽 앞에 서기 위해 누누이 노력을 강조한 거였노라고. 직접 겪지 않아도 얼마나 많은 사람이 이 벽 앞에 좌절과 무력함을 체감했는지 알겠습니다. 벽은 차이에 의해 차별받는 세상이 만들었습니다. 사회가 낳은 검은 부산물은 그 크기를 키워 점차 사람들에게 영향을 줍니다. 동지를 경쟁자로, 그다음엔 공공연한 적으로 만들어 버려요. 세상에 찌든 사람은 점차 남에게 가차없어집니다. 나를 특별하게 만드는 것은 오직 내 노력의 산물뿐이라 합니다. 그래서 우리는 우리의 무기가 노력으로 빚은 실력과 결과뿐인 줄 알았던 걸까요. 그렇지만요. 사실, 이 벽은 저같이 기반도, 재력도 없는 개인이 노력하고 맞서 싸우기엔 너무 견고합니다. 상반된 순리가 충돌하지 않고 서로의 균형을 맞추는 것보다 그것을 바로잡으려는 노력이 더 어렵다는 현실에 홀로 떨어진 저는 그저 두렵기만 합니다.

하지만 과연, 이 벽을 쌓은 사람이 내가 아니라고 자신 있게 말할 수 있을 진 의문입니다. 세상엔 저 같은 사람이 참 많습니다. 노력을 거듭해 인생이란 성을 쌓아 올린 사람 말입니다. 하지만 많아도 너무 많습니다. 문은 좁고 사람은 너무 많아요. 무작위로 나란히 줄을 서기엔 그저 앞사람을 보며 공평하게 굴라고 외치는 사람이 너무 많습니다. 그래요. 인정합니다. 저들 중에 제가 있었습니다. 하지만 가장 공정한 것을 불공평하다며 나만이 우선이 되어야 하는 사람도 나였습니다. 어찌어찌 줄을 서도 내 앞에 있는 사람들이 부러우면서도 질투가 났습니다. 간혹 내 뒤에 있는 사람들을 보면 얼굴엔 미소가 떠올랐습니다. 그들이 느낄 억울함이나 부당함은 전혀 공감되지도, 심지어 떠오르지도 않았습니다. 네, 전 학력주의와 부조리함에 익숙해져 모순을 외면하는 사람입니다. 그런 제가 차마 보지 않으려던 것과 마주했습니다. 단순히 한 개인의 문제에서 기인한 모순을 해결하는 것만이 우리 앞에 놓인 숙제라면 이렇게까지 고뇌하진 않았을 겁니다.

  남들이 닦아 놓은 길을 걷는 것조차 힘겹습니다. 그러니 불확실한 데다 어려운 길을 새로 만드는 일은 비교가 안 될 정도로 고될 줄을 압니다. 제게 이 의문을 심어준 사람조차 해결책을 내놓지 못했습니다만, 의문을 해소하기 위해 누군가 계속 상기함으로써 무언가는 달라지리라 믿습니다. 위대한 일을 단숨에 해낸 사람은 없으니까요. 그리고 그 업적엔 항상 실패와 고난이 따랐습니다. 때문에 저는 여전히 달릴 겁니다. 남들과 같은 방향으로, 남들이 선망하는 그곳으로요. 하지만 보여 줄 겁니다. 이 사회가 품고 있는 모순과 함께 경쟁하더라도, 좌절하지 않는 사람이 하나쯤 있다는 것을요.

어떤 커피는 달기도 하다

유아교육과 차현주

달면 뱉고 쓰면 삼켰다. 나는 호의로 둔갑한 달콤함의 치사량이 얼마나 큰 고통인지를 보았다. 말랑말랑해진 감정을 틈타 내 목구멍 전체를 점철한 초콜릿은 어떤 실망감을 안겨 주었다. 한 번은 우정, 한 번은 사랑이었고, 그다음은 사람 그 자체였다. 겨우 뱉어 보려 했을 때는 이미 하얀 속내까지 점령하여 내 눈시울을 붉게 만들었다. 그래서 늘 밑바닥부터 끊임없이 의심하고 경계했다. 사람에 대한 애정과 무한한 나의 신뢰가 초콜릿이었다는 것을, 그리고 여전히 손바닥 위에서 내 인생을 노려보는 콩알만 한 정신과의 알약들로는 이 달콤한 어둠을 거둘 수 없다는 것을 알았기 때문이다. '사람에게 데인' 경험 이후 난 꽤 오랫동안 이성을 찾지 못했다. 인간에 대한 애정이라. 나는 그 달기만 한 감정을 사랑으로 부를 수 있는지 헷갈렸다. 깊고 따뜻하고 달고 부드러운 것은 죄다 싫었다.

그리고 지난해, 나는 놀랍도록 이 모든 것을 온몸으로 내뿜는 당신을 마주했다. 스물하나, 살다 보면 눈빛만 봐도 어떤 삶을 살아왔는지 단번에 파악할 수 있는 감이 생긴다. 돈 버는 대학생으로 일하러 왔던 나와는 달리, 입고 온 바지를 들쳐 선한 복사뼈를 드러내면서까지 아이들과 어울리는 그……. 나는 자연스레 함께 있는 자리를 피했다. 따뜻하다 못해 단단한 것도 녹일 것 같은 웃음이, 옷차림이, 발걸음이, 눈빛이 내 목구멍을 부여잡아 괜스레 헛구역질을 불러일으켰다. 삶의 결 자체가 나랑은 달랐기에 경계심을 느끼기에는 충분했다. 그래서 어디서 왔어요, 이름이 뭐예요 등의 예의를 갖춘 질문에도 나는 괜히 마침표로 끝나는 퉁명스러운 말들로 입술을 삐죽이며 무마해 왔다.

이러한 내 거친 감정들은 때론 곳곳에서 툭툭 튀어나와 문제가 되기도 했다. 한번은 센터 내에서 독서 골든벨 대회가 열렸다. 어린 나무들이 작은 도서관 문지방이 닳도록 이용하여 그간 쌓아 온 지식을 뽐낼 시간이었다.

"동화책 『관계』에서 나온 구절입니다. 도토리가 좌절에 빠졌을 때 낙엽이 관계에 대해 말을 했어요. 관계란 무엇이라고 설명했나요? 그리고 낙엽을 돕는 방법은 무엇이라고 말했나요?"

아이들은 저마다 손을 들고 말했다. "서로 도와주면서 함께 살아가는 뜻이라고 했어요.", "도토리가 살아남아서 갈참나무로 다시 태어나는 것이 돕는 것이라고 했어요!" 그 말에 나도 모르게 중얼거렸다. 어떻게 내가 살아남는 게 남한테 도움이 되는 거야. 그런 와중에 그와 눈이 마주쳤고 아차, 싶어 입을 턱 막고 딴청을 피웠다. 그렇게 대회가 끝날 무렵, 단조로운 공간 속 지루한 하품이 난무할 즈음, 그가 다가와 자신의 검지를 내보이며 반짝이는 무언가를 건넸다. 그리곤 아이들이 쓰고 남은 스티커 판 위에 그걸 붙였다. 이건 우리 거예요. 그날부로 영문 모르는 스티커 모으기 작전이 시작되었고 나는 이 우스꽝스러운 일상에 스며들었다.

작전은 간단했다. 함께 센터에 나와 아이들을 위한 무언가를 할 때마다 스티커를 하나씩 모으는 일. 구미가 당기기는커녕 헛웃음만 났다. 내 할 일이나 하자 싶었는데 날마다 와서는 오늘은 책 정리했으니까, 오늘은 환경 구성했으니까 하며 그 판을 채워 나가는 것이다. 나는 어느새 그 스티커 수만큼 아이들과 그 사람이 궁금해지기 시작했다. 채워지는 스티커마다 어떻게 얻은 것인지 종이책 한 쪽에 진하게 쓰자고 의견을 내 보았다. 그 작은 스티커들이 봄바람 부는 날엔 화분을 심을 것을 부추기더니 8월의 어느 날 아이들 물놀이까지 계획하게 했다. 날씨가 쌀쌀해졌을 때는 노을을 닮은 단풍잎을 주워와 센터를 꾸밀 생각을 했고, 옷깃을 여며야 했을 때는 우리의 건의로 작은 도서관 앞에 겨울 색을 닮은 책갈피 코너가 만들어졌다. 하루 이틀 사흘 나흘 스티커 판은 온통 각자의 빛으로 자리매김하고 있었고 나는 반짝이는 아이들의 이름을 외우기 시작했다. 그리고 계절의 향연이 센터를 덮어 물들 때 즈음 내가 처음 입고 온 활동 조끼에는 어쩐지 깊고 따뜻하고 달고 부드러운 냄새가 배기 시작했다.

그리고 다시 봄이 왔다. 나는 이제야 사람을 다시 미더워하기 시작했는데 그날의 스티커 판은 비어 있었다. 그분은 취업반이었는데 지원했던 회사에서 연락을 받아 활동을 허둥지둥 정리했다고 한다. 내 자리에 남겨진 쪽지 한 개. "스티커 판 다 채웠으니 이제 따뜻함에 익숙해져 보는 게 어때요." 처음과는 다른 의미로 입술이 삐죽 나왔지만 큼 소리를 내며 시큰한 눈 밑과 함께 밀어 넣었다.

당신은 나비처럼 그렇게 큰 날갯짓으로 불쑥 나타났다가 훨훨 자유로이 날아갔다. 쓰디쓴 새카만 어둠 속에서 하나둘 걸음마로 날 이끌어 준 당신을 이젠 닿지 않는 희미한 빛으로 기억한다. 가슴이 찌르르했다. 이런 걸 아쉬움이라고 하나. 당신을 닮은 나비 한 마리는 매일 그렇게 내 주위를 맴돈다. 가슴을 멍하게 가득 채운 느낌은 체증처럼 가시지를 않았다. 센터 앞, 우리가 매번 함께 오갔던 버스 정류장에서 이 낯선 감정을 여러 번 곱씹어 보았다. 먼지 쌓인 기억을 훌훌 털고 보니 벌거벗은 나는 사람을 그리워하고 있었다.

문득 평소에 입도 안 대는 쓴 커피가 먹고 싶어졌다. 근처 카페에서 당신과는 너무 다른 아메리카노 한 잔을 주문했다. 시럽 때문인가, 달다. 인상을 잔뜩 쓰면서도 그 쓴 게 달다고 믿고 싶었다. 그러니까 애써 한번 더 믿고 싶어졌다. 달았는데, 삼켰다.

완전하지 않은 에세이

국어국문·한국어교육학과 전현진

"언제 적 얘길 하고 그려. 요즘은 다 700원이야."

이상하다는 듯 이야기하는 문구점 주인의 말에 예에, 하는 얼빠진 소리가 샜다. 노트북을 들지 않은 손으로 700원짜리 샤프심 통을 집어 유심히 살펴보았다. 뒤집어도 보고 빛에 비추어도 보고 필통에 있던 다른 샤프심 통과 비교도 해 보았지만 별다른 건 없었다. 그저 단순히 400원이 올랐을 뿐인 샤프심. 돈이 궁하여 물어본 것은 아니었기에 지갑에서 동전 몇 개를 더 꺼내어 계산을 했다. 언제 이렇게 가격이 올랐는지. 의아해하며 문구점을 나오는데 문득 노트북의 무게가 느껴졌다. 아, 그래. 나는 참 오랜만에 샤프심을 샀다.

손으로 글을 썼던 기억이 아득하다. 세상사에 둔한 내가 느끼기에도 시대는 빠르게 발전했다. 꿋꿋이 아날로그를 지향하던 내 손에도 결국 스마트폰과 함께 '더 얇고 더 가볍게, 성능은 그대로!'라는 캐치프레이즈의 노트북이 들렸다. 인공지능이니 기계화니 하는 것은 죄다 영화 속의 일이라고만 여겼었는데, 그것들은 어느새 4차 산업혁명이란 이름으로 부쩍 내 코앞까지 다가와 있었다. 샤프를 잡을 필요가 없어졌으니, 한 번 사둔 샤프심을 두고두고 쓰던 것은 당연한 일이었다.

켜둔 노트북을 잠시 옆으로 밀어 놓았다. 대신 새하얀 A4 용지를 펼쳐 놓고 그 위에 샤프를 들었다. 이제 예전처럼 첫 문장을 쓰려는데, 이유 모를 막막함이 밀려왔다. 늘 사용하던 흔글 프로그램 속 백지와 똑같은 모습인데도 무언가 어색했다. 짙은 허망함에 나는 여태껏 외면해 왔던 두려움을 되새겼다. 인공지능이 프로 바둑기사를 이겼다더라. 기계가 지휘도 하고 작곡도 하고 글도 썼대. 최근에는 연기도 했다던데. 완전무결이 따로 없다. 그럼 이제 완전하지 않은 인간은 어디로 가야 하나. 인간끼리의 경쟁도 버거워 뒤처지던 나는 이렇게 기계에도 밀려나서 무얼 하고 살아야 하나.

그 잠깐 사이 절전된 노트북의 까만 화면에 겁먹은 얼굴이 비쳤다. 똑똑하게도 기계 스스로 전기 사용의 효율까지 좌우했다. 그러다가 띠롱, 카톡 알림과 함께 화면이 켜졌다. 친구가 산 스마트폰의 인공지능이 랩을 했댄다. 글자의 나열일 뿐임에도 즐거워하는 친구의 모습이 그려졌다. 너도 들어 보겠느냐 묻는 말에 순간 울컥한 숨을 뱉었다. "좋댄다." 답장을 보내자마자 금세 왜 갑자기 시비냐며 전화가 왔다.

파도처럼 밀려온 절망감이 나를 옹졸한 인간으로 만들었다. 바보처럼 사과도 미루고 친구와 싸웠다. 한참을 옥신각신하다가 공연히 먼저 소리쳤다. 나는 사회가 원하는 완벽한 인간이 되고 싶었을 뿐이라고. 그래서 계산기를 두고도 열심히 셈하는 법을 배웠더니 기계가 더 빠르고 정확하게 정답을 도출하더라. 정보를 외우고 기억하는 건 네모난 검색 상자 앞에 보잘것없는 능력일 뿐이더라. 앞으로의 내 가치와 쓸모는 기계만도 못하다며, 누구를 향한 것인지도 모를 억울함을 호소했다.

적막한 기계음 너머로 친구의 한숨 소리가 들려왔다. 한심한 내게 곧 모진 소리가 날아올 터였다. 마음의 준비를 하며 친구의 말을 기다리는데 별안간 야, 부르는 소리가 났다. 대답도 못 하고 그저 가만히 있으려니 어딘가 불퉁한 목소리가 이어졌다. "걔들은 너처럼 화 안 내. 그래서 나랑 이렇게 오래 못 싸워." 그 말을 끝으로 통화가 끝났다. 끊어진 전화를 붙들고, 나는 어딘가 얻어맞은 사람처럼 멍하니 허공만 응시했다.

그러고 보면 그랬다. 모든 것이 완벽한 인공지능엔 마음이 없었다. 메트로놈처럼 딱딱 떨어지는 인공지능의 지휘봉엔 연주장의 분위기가 담겨 있지 않았고, 미동 없이 대사만 읊는 인공지능의 연기엔 감정이 없었다. 수많은 인간의 언행과 경험을 학습했다는 스마트폰의 인공지능도 지금 내가 왜 화가 났는지 이해하지 못하리라. 문득, 어느 저명한 뇌공학 교수가 했던 말이 떠올랐다. "그렇게 방대한 데이터베이스를 기반으로 빠르게 똑똑해진 인공지능도, 여전히 건포도 세 개 박힌 머핀과 치와와를 구분할 수 없습니다." 여러모로 완벽한 인공지능과 썩 어울리지 않는 우스운 사실이었다.

 그제야 한숨처럼 조금 웃음이 났다. 내가 정말 바보 같은 고민을 하고 있었음을 깨달았다. 인간의 가치를 인공지능이 잘하는 분야에서 찾으려니 답이 안 나오는 게 당연했다. 인간의 가치는 기계처럼 정보를 완벽하게 기억하거나 수를 정확하게 산출하는 것에 있지 않았다. 생각과 마음을 나누며 서로의 말 속 공백을 이해하는 것, 상대방의 감정에 동요하고 휩쓸리기도 하며 결국엔 공감할 수 있게 되는 것, 인간에게 내재된 능력과 가치란 그런 불완전함에서부터 생기는 것이었다.

 정재승 교수는 자신의 저서에서 4차 산업혁명을 두려워하는 사람들에게 이렇게 이야기했다. "우리는 사람이나 물건, 환경과 상호작용을 매우 잘합니다. 상호작용을 위해서는 감정 읽기 능력과 공감 능력 같은 매우 고등한 사회성을 필요로 합니다. 인공지능이 그런 걸 가지려면 아직 멀었습니다." 그래, 인간이 인공지능 같은 완벽함을 흉내 내려는 것부터가 어불성설이었다. 애초에 인간을 흉내 내 발전해 가는 것이 인공지능인 것을. 나는 완벽하지 않은 인간이고, 완전하지 않기에 서로 마음과 감정을 나눌 줄 아는 사람이었다.

 한순간 찾아왔던 두려움이 가시고, 나는 멋쩍음을 뒤로한 채 펼쳐 두었던 A4 용지를 바라보았다. 그리고 샤프를 들었다. 아까와는 달리 별다른 막막함 없이 첫 문장이 쓰였다. 그 뒤로 막힘없이 글을 써 내려가는데 중간에 툭, 샤프심이 부러졌다. 그에 나는 그만 소리 내 웃고 말았다. 다시금 절전이 된 똑똑한 노트북처럼 얇고, 가볍고, 용량도 예전과 같지만, 잘 부러지는 샤프심의 불완전함이 마치 나와 같다고 느껴졌다. 완전하지 않은 나는 더 힘껏 샤프를 쥐었다. 조금만 힘을 줘도 부러지는 샤프심을 여러 번 바꿔 끼워 가며 끝내 글 하나를 완성했다. 그렇게 완성한 에세이의 제목은, 길게 고민할 필요 없이 '완전하지 않은 에세이'였다.

논리적인 보고서 쓰기

1. 보고서란

　보고서란 일반적으로 주어진 주제에 대하여 조사, 답사, 관측, 채집, 실험 등의 방법을 통해 연구하여 얻은 결과와 사실을 정리하여 보고하는 글이다. 보고서는 조사하고 연구할 문제를 보고하는 글이므로 작성자의 독특한 학설이나 주장보다는 정보와 지식을 효율적으로 전달하는 데 중점을 둔다. 학술적인 연구 성과를 목적으로 하는 학술논문이나 학위논문 등과 비교해 볼 때 다루는 주제의 범위가 좁고, 논증을 통해 상대를 설득시키려는 의도는 약하다. 보고서는 주어진 과제에 대한 이론적 지식을 정리하고 연구 결과의 작성 능력을 학습하기 위한 목적을 가진다. 따라서 독자에게 정보와 지식을 효율적으로 전달하기 위해서는 논리적인 서술과 체계적인 구성이 필수적이다.

2. 보고서의 특성

보고서는 정직성, 객관성, 독창성, 간결성, 전달력을 고루 지녀야 한다. 첫째, 보고서는 정직하게 써야 한다. 때로 학생들이 스스로 작성하지 않은 과제물을 제출하는 경우가 있다. 다른 사람이 쓴 글을 베낀다거나 인터넷에서 다운로드 한 자료를 제출한다거나 책을 보고 참고했어도 출처를 밝히지 않는 경우도 많다. 대학에서 작성하는 보고서를 스스로 정성과 시간을 들여 정직하고 성실하게 작성해야 하는 것은 보고서 작성에 있어 가장 중요한 원칙이자 자신과의 약속임을 기억하자. 둘째, 객관성을 지녀야 한다. 보고서는 조사한 자료를 잘 정리해 써내는 글이므로 객관적이고 논리적이어야 한다. 주관적인 의견을 의미 없이 나열하기보다는 객관적인 자료를 바탕으로 요약하고 증명해 가는 과정이 반드시 따라야 한다. 셋째, 독창성을 지닌다면 더 좋을 것이다. 대학 시절 작성하는 보고서가 반드시 독창적일 필요는 없으나 적어도 해당 주제에 관한 문제의식을 가지고 접근하여 문제해결 하는 과정이 창의적으로 드러난다면 바람직할 것이다. 넷째, 보고서는 간결해야 한다. 보고서는 많은 자료를 찾아 선별하여 요약, 종합, 정리하는 글이므로 무엇보다 간결하고 명확해야 한다. 따라서 보고서에 많은 내용을 담기에 급급하기보다는 가장 중요한 내용을 담고, 문장도 간결하고 명확하게 작성하는 것이 독자가 이해하기 쉽다는 점을 기억하자. 다섯째, 보고서는 전달력을 지닌다. 보고서는 일반적으로 수업 시간의 발표로 이어지는 경우가 많다. 내가 쓴 보고서를 바탕으로 교수자와 학생들과 교류하고 공유할 수 있기 위해서는 보고서의 내용에 대한 질의와 응답을 미리 예상하고 준비하면서 꼼꼼하게 작성하는 것이 좋다.

3. 보고서의 의의

대학에서의 보고서 작성의 의의는 크게 두 가지 측면에서 생각해 볼 수 있다. 보고서는 해당 수업에서 교수자가 부여한 단순한 과제물에 해당하는 것만이 아니므로 학습자와 교수자의 입장에서 적극적으로 살펴볼 필요가 있다. 모든 글은 쓰기 위한 목적과 필요성이 있음을 기억하자. 나는 이 보고서를 왜 쓰는가, 이 보고서를 작성함으로써 어떠한 결과를 성취할 수 있을 것인가? 이러한 질문을 스스로 상기하고 지속적으로 던질 필요가 있다.

먼저 보고서를 작성하는 학습자의 입장에서 생각해 보자. 과제로 부여된 보고서를 작성하는 과정을 통해 학습자의 폭넓은 독서가 유도될 수 있다. 또한, 학습자 스스로 다양한 자료를 수집하고 선별하는 과정을 통해 자료 수집 능력과 문제해결 능력을 키울 수 있다. 아울러 자료의 해석과 분석, 이를 활용하는 과정을 통해 학습자의 관찰력과 비판적 사고력이 향상될 수 있다. 마지막으로 전공 계열을 불문하고 모든 보고서는 글로 작성된다는 점을 상기하자. 체계를 갖춘 한 편의 보고서를 작성함으로써 논리적 글쓰기 능력도 꾸준히 향상될 수 있다.

다음으로 교수자의 입장에서 생각해 보자. 과제를 낸 교수자의 경우, 해당 수업의 보고서는 개별 학습자의 이해와 학습 수준을 가늠할 수 있는 중요한 근거를 제공한다. 이는 담당 교수가 향후 강의 내용을 보완하고, 교수법을 수정하며 계획하는 데 도움을 줄 수 있다. 또한, 보고서는 개별 학습자에 대한 직접적인 피드백에 있어 중요하다. 교수자는 보고서를 바탕으로 학생들에 대한 구체적인 피드백과 조언이 가능하다. 보고서는 학생에 대한 지속적인 평가의 기초 근거가 됨으로써 평가의 정당성과 객관성 확보에도 도움을 준다.

4. 보고서 작성 과정과 실제

보고서의 작성 과정은 크게 네 단계로 분류할 수 있다.

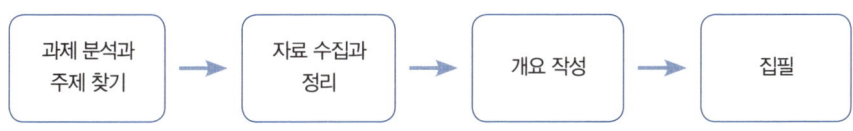

보고서의 작성 과정

1) 과제 분석과 주제 찾기

무엇을 쓸 것인가를 결정하는 중요한 단계로 보고서 작성의 출발점이기도 하다. 내게 주어진 과제가 무엇이며, 무엇을 요구하는지 정확하게 인식해야 하는 단계로 보고서 작성자의 기초적인 이해력과 사고력이 요구되는 단계이기도 하다. 일반적으로 교수자가 과제에 대한 포괄적인 주제를 제시하면 학생은 이를 다양한 관점에서 분석해 보면서 주제를 구체화한다. 보고서의 주제는 포괄적이기보다는 구체적인 것으로 정하는 것이 좋다. 'AI와 인간'이 대주제로 주어졌다고 가정해 보자. 'AI와 인간의 삶'보다는 'AI와 알고리즘, 인간의 삶에 미치는 영향'이 더 구체적이고 명확한 주제이다. 이처럼 주제를 구체적으로 정하면 관련 자료를 찾는 데에도 시간을 절약할 수 있다.

2) 자료 수집과 정리

보고서 주제와 관련되는 다양한 자료를 검토하되 출처가 확실하며, 공신력 있는 자료를 수집해야 한다. 수집한 자료는 선별하여 각 항목별로 미리 정리해 두는 것이 좋다. 종류와 가치에 따라 작성자 스스로 기준을 정해 자료를 분류하고, 자료를 정리할 때는 원문의 출처를 반드시 표기해 둔다. 자료를 검색할 때는 단편적인 자료보다는 서적과 논문을 중심으로 깊이 있는 자료를 검색하는 것이 좋다. 특히 웹 자료를 검색할 때는 먼저 정보의 질을 평가하여 선택하고, 출처 불명의 글을 활용해서는 안 된다. 이처럼 수집한 자료를 선별하고 정리하는 과정에서 보다 심화된 이해력과 판단력, 논리적 사고력이 요구된다. 자료는 학교 도서관, 국회도서관, 학술연구정보서비스를 이용하는 것이 좋다. 전자도서관을 이용하는 방법을 알아 두면 자료 수집이 수월하다.

> 전자도서관 이용과 자료 검색하기
>
> 보고서 작성 시 필요한 정보는 대학 도서관, 국회도서관, 국립중앙도서관 등에서 검색 가능하다. 자신이 현재 작성하고 있는 보고서에 필요한 자료를 전자도서관의 학술 DB를 선택하여 핵심어를 중심으로 검색하여 필요한 자료를 수집하면 된다.
>
> 예 내가 수강하는 수업에서 영화 〈아일랜드〉를 감상한 후, '생명공학과 우리의 미래'를 대주제로 보고서 쓰기 과제를 부여받음
>
> → 핵심어(keyword) '생명공학, 복제, 생명복제, 유전체, 유전자, 인공수정, 생명윤리' 등으로 검색함
>
> - 국회도서관: https://www.nanet.go.kr
> - 국립중앙도서관: https://www.nl.go.kr
> - 배재대학교 도서관: https://library.pcu.ac.kr
>
> 배재대학교 전자도서관에 로그인하여 하단 RISS에 접속한 후 검색창에 핵심어를 입력하여 관련 서적과 학술논문을 직접 검색해 보자.

3) 개요 작성

개요를 얼마나 구체적이고 완성도가 있게 짜느냐에 따라 보고서의 실제 집필

도 원활하게 할 수 있다. 자신의 생각을 논리적으로 이끌어 가기 위해서는 구체적이고 명확한 개요 작성이 선행되어야 한다. 좋은 개요를 작성하기 위해서는 수정과 보완을 반복해야 한다. 일반적으로 '서론-본론-결론'의 3단 구성에 따른 구성 개요를 활용할 수 있다. 개요를 작성하기 전에 제목과 주제문을 결정하고 구성 개요에 따라 보고서의 목차를 구성한다. 이때 목차는 보고서의 일반적 체제를 따르되 해당 수업의 교수자가 제시한 요건이나 형식이 있다면 이에 맞춰 수정할 수도 있다.

구성 개요의 요소

서론	• 대상의 범위 및 선택 동기 • 대상과 관련된 이론 또는 선행 논의 • 문제 제기 및 연구 방법
본론	• 대상의 이해에 필요한 사회·문화적 배경 • 대상에 대한 분석 및 해석 • 대상에 대한 비평과 평가
결론	• 본론의 핵심 내용 정리 • 대상의 사회·문화적 의의 • 대상의 한계 및 전망에 대한 의견 제시

4) 집필

보고서의 기본 형식인 '표지-목차-본문-참고문헌'의 순으로 작성한다. 이때 보고서의 목적과 대상을 명확하게 해야 한다. 앞서 수집하고 분석한 자료를 정확하게 제시하고 활용할 수 있다.

표지는 보고서의 내용과 작성자에 대한 정보를 일차적으로 전달하는 부분으로 보고서의 첫인상을 좌우한다. 따라서 표지는 불필요하게 꾸미지 말고, 간결하고 깔끔하게 작성해야 한다. 표지에는 보고서의 제목, 과목명, 담당교수명, 제출일, 학과, 학번, 이름 등을 표기한다.

보고서 표지 사례

보고서 목차 사례

표기하는 각 항목별로 오자나 탈자는 없는지 오류 없이 정확하게 기재했는지를 꼼꼼하게 확인해야 한다.

목차는 보고서의 구성과 내용을 일목요연하게 보여 줌으로써 보고서의 기본 체제를 알려 주는 부분으로 보통 표지와 본문 사이에 위치한다.

본문은 '서론-본론-결론'의 순으로 목차에서 정한 대로 쓴다. 서론에서는 주의 환기와 화제 제시가 필요하다. 내가 정한 해당 주제에 대해 보고서를 읽는 독자가 관심을 가질 수 있도록 이목을 집중시키고, 주제와 관련한 호기심을 충족시키도록 노력해야 한다. 서론은 글의 첫인상이므로 쉬운 표현으로 주제와 관련된 이야기를 바탕으로 보고서에서 다루고자 하는 주제와 앞으로 진행할 내용을 간략하게 개관하여 밝히는 게 적절하다. 본론은 중심 과제를 해명하고, 자신의 주장이 타당하다는 점을 근거를 통해 입증하는 단계이다. 따라서 글의 전개와 내용이 논리적이고 체계적이어야 한다. 본론이 빈약할 경우 주장의 타당성이 부족해 독자를 설득하기가 어렵다. 결론은 보고서에서 다룬 주제를 다시 한번 요약하고 강조하는 부분이다. 본문에서 다룬 소주제들을 단순히 반복하여 열거하기보다는 이를 종합하고 정리하여 명확한 결론을 도출해 내는 것이 좋다. 결론에서 유의해야 할 점은 본론에서 언급하지 않는 새로운 내용이 들어가서는 안 된다는 것이다.

집필이 마무리되면 보고서를 마무리하는 과정으로 꼼꼼하게 반복하여 퇴고하는 과정이 필요하다. 보고서의 문장은 명확하고 간결하게 작성하고, 불필요한 단어나 중복되는 표현은 없는지 퇴고해야 한다. 또한 오탈자가 없게 하고, 표지와 목차, 일련번호 등을 점검해야 한다. 보고서는 과제이다. 따라서 정해진 제출 기한을 확인하여 반드시 지켜야 한다.

CHAPTER 4
대학인의 읽기

1. 어떻게 읽을 것인가

　본래 읽고 쓰는 행위는 분리될 수 없는 한 가지 행위의 두 측면이라 할 수 있다. 그래서 영미권에서는 앤 도비(Ann B. Dobie)와 같은 학자들이 읽기와 쓰기를 각각 별개의 단어가 아니라 하나의 단어(reading-writing)로 표현하며 읽기-쓰기의 연관성을 강조하고 있다. 읽는 행위와 쓰는 행위가 분리되어 있지 않고 마치 동전의 양면처럼 연결되어 있다는 생각은 '읽고 생각하고 표현하고 살아가는 일'이 결국 하나로 연결된 경로이자 순환하는 회로라는 사실을 의미한다. 익히 알려진 대로 읽고 쓰는 행위를 통해 우리는 텍스트를 이해하는 비판적 안목을 기르고 자신의 생각을 주체적이고도 창의적으로 표현하는 능력을 기를 수 있다. 그러나 보다 중요한 사실은 읽기와 쓰기가 연결된 일련의 과정이 능동적으로 사유하는 지성인으로 성장해 가는 과정과 일치한다는 점이다. 그래서 읽고 쓰는 행위는

"당신의 생각은 어떤가요?", "어떻게 살아가실 건가요?" 등과 같은 질문과 자연스럽게 연결될 수밖에 없는 것이다.

그런데 최근 들어 학생들의 이해력이 부족하다는 지적이 나오고 있다. 여기서 말하는 이해력은 특정 텍스트의 의미를 파악하는 독해력을 가리킨다. 독해력이란 단순히 글을 읽는 능력에서 나아가 글을 읽고 그 의미를 온전히 이해하는 능력을 가리킨다. 독해력의 중요성이 대두되는 배경에는 4차 산업혁명을 맞이하여 물리적 세계와 디지털 세계의 통합이 현실화되면서 기계와 차별화되는 인간의 능력이 바로 의미를 파악하는 능력에 있다는 인식이 자리하고 있다. 2011년 일본에서 시작되었던 '로봇은 도쿄 대학에 들어갈 수 있는가?'라는 프로젝트를 진행했던 아라이 노리코 교수가 독해력만은 AI 로봇이 인간을 이길 수 없다고 결론지은 것도 독해력의 중요성을 말해 주는 사례라 할 수 있다.

교육학자들은 암기 위주의 반복학습과 짧은 영상을 통해 지식을 접하는 습관은 독해력을 떨어뜨린다고 지적한다. 일상에서 만나는 다양한 상황을 해결하려면 상식이나 유연한 사고가 요구되는데, 결국 문제를 판단하고 해결방안을 모색하기 위해서는 의미 파악이 전제되어야 한다. 간단한 메시지를 파악하는 차원에서 나아가 비판적 사고 교육으로 이어지는 의미 파악을 위한 깊이 읽기를 할 때 비로소 인간다운 사고가 가능하기 때문이다. 그러니 독해력을 기반으로 소통하며 문제를 해결해가기 위해서는 읽고 쓰기 교육이 필수적이라 할 수 있다.

그렇다면 어떻게 읽을 것인가에 대해 생각해 보기로 하자. 텍스트를 읽는 방법은 실로 다양하다. 예로부터 선조들이 실천해 왔던 공부법인 구술과 낭송, 암송은 눈이 아닌 소리와 신체로 의미를 터득하는 방법이었다. 고전평론가 고미숙이 『낭송의 달인 호모 큐라스』에서 낭송이 '큐라스', 다시 말해 '자기 배려'가 되어 우리의 몸과 마음까지 자유롭게 해 주는 수행이 될 수 있다고 강조한 것도 소리 내어 책을 읽는 행위가 곧 몸에 의미를 새기고 더 나아가 타인과 소통하는 우정을 나누고 궁극엔 스스로 성장해 가는 과정이라는 의미를 전파하기 위해서였다. 근대에 접어들어 소리를 내지 않고 눈으로 책을 읽는 묵독(默讀)이 탄생하면서 소리 내어 읽는 낭송은 사라졌으나 요즈음 유튜브나 팟캐스트 등에서 낭송 프로그램이 인기를 얻고 있는 현상을 보면 소리 내어 읽기와 듣기를 바라보는 시선이 달라지고 있음을 실감한다.

특정 텍스트를 읽으며 의미를 파악하기 위해서는 글쓴이가 말하고 있는 주제가 무엇인지를 알아야 한다. 주제를 이해하기 위해서는 핵심어가 무엇인지 파악하고 그 핵심어가 다양하게 변주된 표현들을 찾을 수 있어야 한다. 또한 주제를 말하기 위해 글쓴이가 내용을 어떻게 구성하고 있는지도 살펴야 한다.

그 밖에 텍스트를 읽기 전과 후에 어떤 기술을 사용하여 의미를 파악해야 하는가를 강조한 읽기 방법이 있다. 이를테면 텍스트를 읽기 전에는 왜 읽어야 하는지 읽기의 목적을 확인하고, 제목을 보고 어떤 내용일지 예측해 본다거나 텍스트와 관련하여 자신이 이미 알고 있는 내용과 알고 싶은 내용을 정리해 볼 수 있다. 그리고 텍스트를 읽는 단계에서는 글의 구조를 파악하며 글쓴이가 말하려는 중심 생각을 찾아보고 생략된 부분이나 다음에 이어지는 내용을 추론해 본다. 읽은 후에는 핵심 내용을 간추려 요약해 보고 글쓴이가 주장하는 핵심 내용을 다시 한번 정리해 본다. 글을 읽기 전 알고 싶었던 내용을 다시 확인해 볼 수도 있다.

여기서 우리는 대학생에게 필요한 읽기의 방법을 간단히 살펴보고자 한다. 자기주도적 읽기인 SQ3R, 종합적 책 읽기인 신토피칼 리딩, 그리고 문제해결적 읽기인 DP2R에 대해 알아보고, 어떻게 읽어야 할지 생각해 보도록 하자.

2. 자기주도적 읽기: SQ3R

읽기 방법 중에서 자기주도학습 능력을 키워 주는 SQ3R은 로빈슨(F. P.

Robinson)이 제시한 이론으로 다섯 가지 단계를 거쳐 어떻게 읽어야 하는가를 보여 준다. SQ3R은 훑어보기(Survey) 단계와 질문하기(Question) 단계, 자세히 읽기(Read) 단계와 암송으로 반복하는(Recite) 단계, 복습(Review) 단계로 이루어진다.

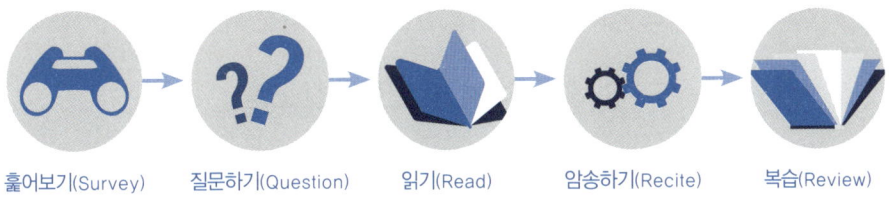

SQ3R의 절차

훑어보기 단계는 제목이나 장의 표제를 살펴보면서 글을 읽기 전에 내용을 미리 짐작해보는 단계이다. 소제목이나 도표, 그래프나 사진 등을 빠르게 훑어보면서 어떤 내용이 펼쳐질지 추측해 보고 읽어야 할 책의 윤곽을 간단히 살펴본다.

질문하기 단계는 읽어야 할 내용에 호기심을 갖게 하고 이해를 돕기 위해 질문을 던지는 활동으로 이루어진다. 예를 들어, 제목이나 표제를 질문 형태로 바꿔보고 이 책에서 알고 싶은 내용이 무엇인지 질문을 던짐으로써 앞으로 읽기를 하면서 그 질문에 대한 답을 찾아나갈 수 있도록 한다.

읽기 단계는 내용을 확인하며 읽어 가는 단계로 앞서 진행한 질문하기 단계에서 품었던 질문에 대한 답을 찾아본다. 읽는 과정에서 새로운 질문이 생길 수도 있는데 그런 경우에는 반복해서 읽으며 답을 찾아도 좋다.

암송 단계는 지금까지 읽은 내용을 간추리고 핵심을 요약하고 정리하는 단계라 할 수 있다. 읽은 내용을 그대로 소리 내어 읽는 것이 아니라 자신의 말로 핵심 내용을 정리하여 이해를 높이도록 한다. 필요하다면 읽었던 부분을 다시 되짚어 훑어보고 암송을 하며 내용을 다시 한번 정리해 본다.

마지막 복습 단계는 지금까지 읽은 내용을 상기하여 정리해 보는 단계이다. 앞서 진행한 단계를 반복할 수도 있고 읽은 내용을 잘 기억하고 있는지 확인해 보는 활동을 진행할 수도 있다. 이와 같은 단계를 거치면서 읽어 나간다면 읽기 과정에 집중할 수 있고, 읽은 내용을 자기화하는 데에도 도움을 받을 수 있을 것이다.

3. 종합적 읽기: 신토피칼 리딩

신토피칼 리딩(syntopical reading)은 철학자이자 저술가인 모티머 애들러(Mortimer J. Adler)가 『논리적 독서법(How to Read a Book)』에서 제안한 읽기의 네 단계인 '초등적인 읽기', '점검하며 읽기', '분석적 읽기', '종합적 읽기' 중에서 마지막 단계에 해당한다. 애들러는 읽기의 네 단계 중에서 마지막 단계인 종합적 읽기, 즉 신토피칼 리딩이 최고 수준의 읽기라고 평하며 순차적으로 읽기의 기술을 연마해 나갈 것을 권했다.

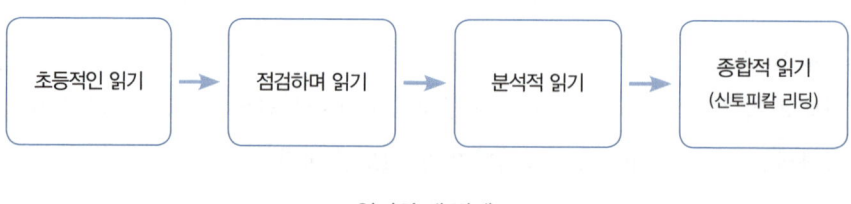

읽기의 네 단계

읽기의 네 단계 중 1단계는 초등학교 수준에서 습득하는 가장 기초적인 읽기로 이 글이 무엇을 말하는지를 아는 초급 단계의 읽기이다. 2단계인 점검하며 읽기는 통독에 해당하는 수준의 읽기 단계로서 책이나 글을 처음부터 끝까지 읽어 나가는 것을 의미한다. 작가의 의도나 주제를 파악하며 어떤 종류의 책이고, 전체적으로 무엇에 대해 이야기하고 있는가를 파악하며 체계적으로 훑어 읽는다. 책의 속표지나 서문을 살펴보고 목차와 색인을 확인하면 책의 개략을 파악할 수 있는데 이러한 읽기 활동은 책을 고르는 안목을 높여 주기도 한다. 3단계인 분석적 읽기는 깊이 제대로 읽는 것으로 어떤 종류의 책인지 주제는 무엇인지 파악해야 하고 주요 부분을 찾아 어떤 순서로 내용이 구성되어 있는지 살피며 읽는 단계이다. 중요한 단어와 핵심을 담고 있는 문장을 찾아 내용이 무엇인지 해석하고 저자가 지식을 잘 전달하고 있는지 비평하기도 한다. 4단계인 종합적 읽기는 주제와 관련한 여러 권의 텍스트를 통합적으로 읽어 나가는 것이다. 종합적 읽기를 의미하는 신토피칼 리딩은 모티머 애들러가 '함께, 동시에'의 뜻을 지닌 접두어 'syn'과 화제를 의미하는 'topic', 그리고 소립자나 단위를 뜻하는 접미사 'on'을 결합하여 창안한 단어로 주제와 관련된 여러 권의 책을 동시에 읽을 수 있는 독서법을 의미한다. 종합적 읽기를 하기 위해서는 우선 주제와 관련한 자료를 선정한 후 선정한 자료들을 대략적으로 훑어보면서 주제와 관련한 리스트를 만들어야 한다. 그리고 그 리스트를 바탕으로 여러 권의 책을 통합적으로 읽으며 주제에 대한 이해력을 높이고 스스로 지식을 재구조화해 나간다. 독자는 종합적 읽기를 하며 주제와 연관하여 선정한 책들이 그 주제에 대해 어떤 의견을 내세우고 있는지 분석하고 스스로 답을 발견하여 결론을 도출해 내야 한다. 비록 종합적 읽기가 다소 추상적이라는 한계를 지니지만 하나의 주제를 통섭의 자세로 접할 수 있다는 점에서 의미있는 독서법이라 할 수 있다.

4. 문제해결적 읽기: DP2R

프랑스의 비평가 조르주 뿔레(Georges Poulet)는 "독서는 곧 소통이며 대화"라는 명언을 남겼다. 뿔레가 말하는 독서란 페이지 위에서 독자와 저자가 만나 대화를 나누는 과정이며 문제를 해결하는 협력적 활동이다. 독자는 페이지 위에서 대면한 저자와 주제를 두고 서로 타협하면서 소통하는데, 이러한 독서의 과정은 읽기 자체에 담긴 문제해결과 소통의 성격을 고스란히 보여 준다.

한편, 헝가리 태생의 미국 수학자인 조지 폴리아(G. Polya, 1887~1985)는 수학에서 개연적 추리가 중요한 역할을 한다고 주장한 바 있다. 폴리아는 수학도 인문학적 사유의 방식과 유사하게 추측하거나 상상하면서 질문하고 대화하며 그 답을 찾아가는 과정이라 설명하고 '문제의 이해-계획 수립(풀이 고안)-계획 실행-문제해결(반성, 검토)'로 이어지는 문제해결 단계를 제시하였다. 폴리아가 수학 문제를 해결하기 위해 제안한 전략을 접목하면 '문제해결 전략을 활용한 읽기'의 네 단계를 다음과 같이 재구성할 수 있다.

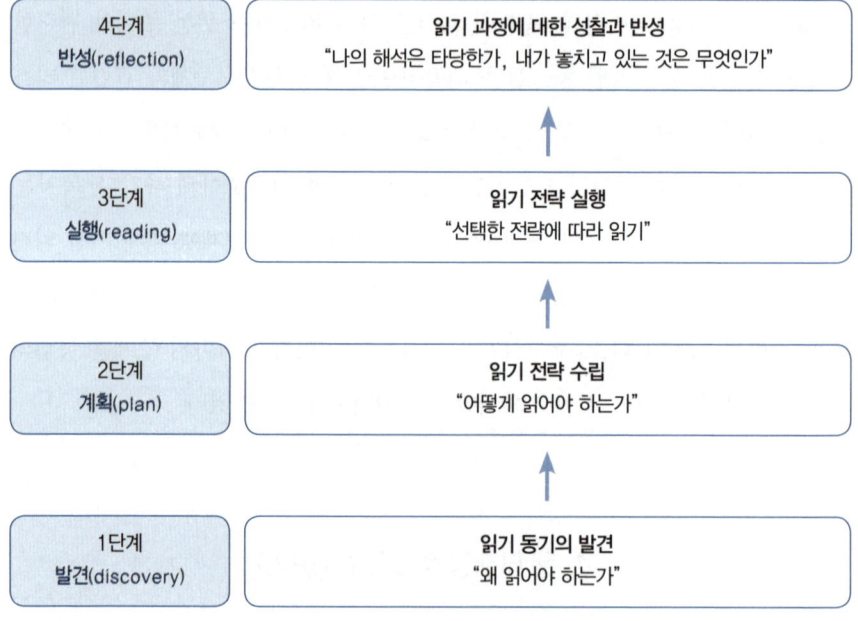

문제해결 전략을 활용한 읽기의 네 단계

김화선 외, 「융합 독서의 새로운 지평-수학자 폴리아의 문제해결 전략을 활용한 독서법」, 『현대문학이론연구』 65, 2016.

1단계 발견은 왜 읽어야 하는지 독자 스스로 이유를 찾는 단계이다. 읽기 위한 동기를 발견함으로써 읽기의 목표를 세우고 읽기 위한 준비도 할 수 있으므로 독자는 통찰력을 발휘하여 왜 읽어야 하는지 그 동기를 찾아야 한다. 2단계 계획은 어떻게 읽어 나갈 것인지 구체적인 읽기 전략을 세우는 단계인데, 스스로 발견한 동기를 고려하여 적절한 계획을 수립해야 한다. 이때 마인드맵이나 그림 그리기와 표 만들기 활동, 예측하기, 논리적으로 추론하기, 관점 바꾸기 등의 방법을 활용하여 어떻게 읽을 것인지 방향을 결정한다. 무엇을 알아야 하고 또 어떤 것을 탐구해야 할 것인지 등을 정하면서 그에 맞는 적절한 읽기 계획을 수립하는 것이다. 3단계 실행은 앞에서 선택한 구체적 읽기 전략에 따라 읽기를 실천하는 단계이다. 2단계에서 수립한 계획을 실행에 옮기면서 저자와 대화하며 협상을 해 나간다. 4단계 반성은 읽기 과정을 성찰하고 문제해결 과정을 반성해 보는 단계이다. 읽기를 하며 자신이 놓친 것은 없는지, 자신의 해석이 타당한지 돌아보고 점검하면서 읽기 과정 전반을 정리해 본다.

이상에서 살펴본 '문제해결적 읽기'는 읽기 행위가 독자 혼자서 진행하는 단순한 실천이 아니라 체계적인 문제해결의 과정이라는 점을 강조하고 있다. 텍스트 위에서 저자와 만나 소통하며 타협하고 의미를 재구성해 나가는 읽기의 과정은 탐색을 위한 여정이 되며 바로 여기에 문제해결을 위한 읽기의 의의가 있다.

PART 2

세상과 소통하기

SNS와 자기표현

1. 현대인이 SNS를 많이 하는 이유

 현대에 와서는 시선의 집중을 받아 권력을 창출하는 방법이 건축 외에 하나 더 생겼다. TV, 영화 같은 미디어를 이용하는 것이다. TV에 많이 나오는 사람은 권력을 갖게 된다. 현대인들은 신전 꼭대기를 우러러보기보다는 TV나 스마트폰 스크린을 더 많이 쳐다본다. 그 모니터 안에 들어가 있는 사람이 권력을 가지게 되는 것이다. 그래서 정치가들은 나쁜 소식으로라도 TV 뉴스에 나오기를 원한다. 이 원리를 잘 이용한 사람이 트럼프 미국 대통령이다. 그는 과거 〈어프렌티스(The Apprentice)〉라는 연예 프로그램을 통해 인지도를 높였고, 각종 좋지 않은 뉴스로 미디어에 거론되면서 점차적으로 사람들에게 자신의 존재를 각인시켰다. 그러다가 결국 대통령까지 되었다. 건축에서 미디어로 양상만 바뀌었을 뿐 바라보기와 권력의 본질은 그대로다. 현재 우리나라 청소년들의 희망 직업 1위가 연예인인 것은 당연한 결과다. 이 사회에서 TV에 가장 많이 나오는 연예인이 최고의 권력자이기 때문이다. 그래서 때로는 시청률이 높은 프로그램에 나온 사람은 본인의 의사와 상관없이 정치적 오해나 견제를 받을 수도 있다. TV에 나온 사람이 권력을 가진다는 배경에서 보면 〈전국노래자랑〉은 마치 그리스의 극장처럼 국민 누구나 용기만 있으면 TV 속 무대에 설 수 있게 해 주는 민주적인 장치라고 할 수 있겠다.

TV나 영화에 나올 수 없는 일반인들은 그런 권력을 가지기 위해 페이스북을 비롯한 각종 SNS에 자신의 사진을 올린다. 내 사진을 누군가 본다면 내가 권력을 가지게 되기 때문이다. 감시를 받으면 권력을 빼앗기지만 내가 보여 주고 싶은 모습만 보여 주면 오히려 권력을 갖게 된다. 지금 이 시간에도 셀카를 찍어서 SNS에 열심히 올리는 사람은 십시일반 자신의 권력을 만들고 있는 중인 것이다.

미디어를 통해 권력을 가진 연예인과 과거의 권력자들이 다른 점이 있다면 연예인의 권력은 영속성이 떨어진다는 점이다. 5천 년 전 수메르문명의 권력자는 건축물을 만들고 죽을 때까지 권력을 점유했다면 지금의 연예인은 방송국의 시스템을 잠시 빌려 아주 짧은 기간 권력을 가진다는 점이 다르다. 방송을 통한 권력은 일시적일 뿐 프로그램의 종영과 함께 끝이다. 그런 면에서 본다면 미디어 시스템을 장악한 사람이 이 사회에서 진정한 권력을 가진 사람이다. 방송국 시스템이 곧 과거의 신전 건축이다. 방송국 사장이 이 시대의 제사장인 것이다. 방송국 사장 자리에 누가 앉아 있느냐가 중요한 이유가 여기에 있다. 그래서 정권이 바뀔 때마다 지상파 TV의 사장 자리를 놓고 공방전이 펼쳐지는 것이다.

현대는 미디어가 권력을 만드는 세상이다. 즉, 시청률이 권력이 되는 세상이다. 인기 프로그램을 만들어 내는 PD는 과거의 건축가가 했던 역할을 하는 중요한 권력 창출자다. 앵커맨은 화면의 중앙에 위치하기 때문에 큰 권력을 갖는다. 손석희 앵커같이 시청률이 높은 뉴스의 앵커는 이 시대의 중요한 권력자다. 이들도 고대의 신전 꼭대기에 서 있는 제사장과 같다. 권력이 생겨나면 함께 따라오는 것이 중독이다. 권력에 취한다는 말이 있다. 연예인들이 인기가 내려갈 때 힘든 것은 이러한 권력의 중독에서 벗어날 때 생기는 금단현상 때문이다. 권력은 영원하지 않다. 특히나 현대사회에서 미디어를 통해 만들어지는 권력은 찰나성이 더욱 심하다. 우리는 건축과 미디어를 통해 권력을 만드는 법을 안다. 이제 더 중요한 문제는 그렇게 만들어진 권력을 어떻게 잘 분배해서 균형을 맞추고 상호 견제하게 만드느냐다. 그리스는 인류 역사 최초로 객석과 무대로 구성된 극장을 만듦으로써 시민사회를 완성했다. 지금은 우리 사회를 한층 더 성숙시킬 수 있는 새로운 건축 장치가 필요한 때다.

유현준, 「어디서 살 것인가」, 을유문화사, 2018.

생각해 볼 문제

1. 이 글의 핵심어 세 개를 찾아보고 그 이유를 말해 봅시다.

핵심어	이유

2. 글쓴이가 말하고자 하는 주제를 한 문장으로 작성하고 그 근거를 찾아 봅시다.

3. '스마트폰(smartphone)'과 '좀비(zombie)'를 합성한 말을 '스몸비(smombie)' 라고 합니다. 다음 자료를 참고하여 자신이 스마트폰 중독인가를 확인해 보고, 스몸비가 불러오는 문제점들을 개인적 문제와 사회적 문제로 나누어 생각해 봅시다.

나도 설마 스몸비?
스마트폰 중독 자가진단법

- ☐ 스마트폰이 없으면 손이 떨리고 불안하다.
- ☐ 스마트폰을 잃어버리면 친구를 잃는 느낌이다.
- ☐ 하루에 스마트폰을 2시간 이상 사용한다.
- ☐ 스마트폰에 설치한 앱이 30개 이상이고 대부분 사용한다.
- ☐ 화장실에 스마트폰을 가지고 간다.
- ☐ 스마트폰 키패드가 쿼터 키패드다.
- ☐ 스마트폰 글자 쓰는 속도가 빠르다.
- ☐ 밥을 먹다가 스마트폰 소리가 들리면 즉시 달려간다.
- ☐ 스마트폰을 보물 1호라 여긴다.
- ☐ 스마트폰으로 홈쇼핑을 한 적이 2회 이상 있다.

※ 1~2개: 양호, 3~4개: 위험, 5~8개: 중독 의심, 9개 이상: 중독

한국과학기술개발원

4. '모바일 제로타임'과 '디지털 디톡스'에 대해서 알아보고, 현대인들이 행복한 디지털 시대를 살아가는 방법에는 어떠한 것들이 있는지 자신의 생각을 써 봅시다.

네이버 대학생 한국인터넷드림단, https://blog.naver.com/enjoy_nia/221094077788

2. 인스타그램에는 절망이 없다

인스타그램에는 절망이 없다. 그래서 어딘지 괴기스러워 보인다. 흔히 청년세대에 대한 이야기들은 대개 절망과 포기로 수렴된다. 청년들의 삶이 얼마나 어려운지, 그로 인해 우울, 좌절, 증오, 혐오 같은 현상이 얼마나 일상화되었는지가 늘 문제시된다. 그런데 정작 청년세대가 보편적으로 이용하는 SNS에는 그런 흔적이 없다. 그곳은 언제나 밝고 희망차고 화려하다. 청년세대에 대한 담론과 인스타그램의 간극은 마치 매트릭스의 밖과 안처럼 극명하다.

수많은 청년들이 끊임없이 여행을 떠난다. 인스타그램에서는 동남아, 유럽, 미주, 남미 그 어느 대륙의 어느 구석에 있는 청년을 만날 수 있다. 그런 청년들의 모습은 실시간으로 계속 업데이트된다. 마찬가지로 핫플레이스라 불리는 각종 카페나 식당들은 대부분 청년들로 인산인해를 이루어 몇 시간씩 줄을 서야 들어갈 수 있다. 그들은 커피 한 잔과 밥값으로 몇만 원씩을 아무렇지 않게 쓰는 것처럼만 보인다. 마찬가지로 하루 숙박이 수십만 원에 달하는 호캉스의 주인공도 대개 청년들이다.

사실 이 간극을 제대로 해소하지 못하는 한 청년담론, 청년세대에 대한 이야기는 거의 아무것도 설명하지 못한다. 왜냐하면 이 간극이야말로 청년세대가 지닌 딜레마의 핵심이자 청년들의 가장 절실한 실존적 문제라고 할 수 있기 때문이다. 확실한 건 그들이 언제나 밝고 화려한 이미지들로 둘러싸여 있다는 점이다. 그들은 스스로를 그런 방식으로 끊임없이 전시하고, 또 그렇게 전시된 이들 속에 있는 동안에만 온당한 곳에 있다는 느낌을 얻는다. 나는 예전부터 이를 '상향평준화된 이미지'라 불러 왔다. 이 이미지에서 벗어나는 것은 죽음보다 두려운 일이다.

인스타그램에는 몇만에서 몇십만 정도의 팔로워를 거느린 수많은 인플루언서들이 있다. 그런데 그들이 대단한 무엇을 하는 건 아니다. 대단한 콘텐츠를 생산하는 크리에이터들도 아니고, 팔로워들에게 아주 의미 있는 무언가를 선물하는 것도 아니다. 자기 삶을 전시하는 스토리텔링에 뛰어나지도 않다. 그들이 제공하는 건 단지 어떤 '이미지에 속해 있다'는 느낌뿐이다. 이 사람을 팔로우하면 나도 뒤처지지 않고 소외되지 않고 흐름에서 쫓겨나지 않은 채 '최신의 이미지 유행'에 속할 수 있다는 위안을 느낀다.

실제로 인스타그램에 올라오는 사진들을 계속 보고 있으면 현실감각을 묘하게 잃어버린다. 내가 속해 있는 현실에 대한 인지부조화가 생기고, 삶 혹은 세계가 오직 저 밝고 화려하며 채색된 이미지들로 치환되는 듯한 경험이 일어난다. 삶이란 잘 정돈되고 단정하게 꾸며진 홈인테리어 속 순간, 잘 차려입고 멋진 공간을 거니는 순간, 아름다운 야경을 배경으로 커피를 마시는 순간, 수영장에 몸을 담그고 칵테일을 마시는 순간, 따끈따끈한 브런치가 나온 햇빛 드는 오전의 순간으로만 구성되는 듯한 착각을 느끼는 것이다. 그런데 인스타그램의 이미지들은 대체로 연출된 단 한순간의 이미지일 뿐이지 현실도, 삶도 아니다. 인스타그램에 올라오는 순간들은 삶의 극히 일부, 아주 잠깐의 시간들일 뿐이다.

문제는 우리의 삶이 실제로 그러하며, 그래야만 한다는 강박이 점점 심화된다는 것이다. 특히 인스타그램 인플루언서들의 삶을 보면, 그들은 언제나 그런 이미지 속에 살아가고 있는 것처럼만 보인다. 그런데 그 '이미지의 세계'란 사실 누구도 그 안에 살 수 없는 천국과 환영의 이미지 같은 것이다. 예쁜 카페에 가서 브런치를 먹고 커피를 마시더라도, 사실 사진을 찍는 몇몇 순간을 제외하면 그냥 평범하게 대화를 나누고 각자 휴대전화를 들여다보는 시간이 있을 뿐이다. 유행하는 여행지에 가더라도 아름다운 풍경 앞에 황홀하게 머무는 시간은 그리 길지 않다. 호텔의 수영장에서도 그냥 사진만 찍고 숙소로 돌아가 텔레비전이나 보는 경우가 태반이다.

이러한 이미지와 실제 삶의 간극이 일상화되면서 어쩌면 절망과 우울, 분노가 더 극적이게 되어 가고 있는지도 모른다. 사실 우리 삶이 실제로 놓여 있는 대부분의 시간들은 사진으로 찍었을 때 그렇게 화려하지 않다. 예쁜 이미지에 속해 있는 나를 보며 느끼는 쾌감이나 행복이 우리 삶에서 결정적일 수도 없다. 어떤 이미지로 전시된 자신에 대한 흡족함은 결코 지속 가능한 행복이나 기쁨을 주지 않는다. 오히려 그것은 초콜릿이 주는 찰나의 단맛이나 도파민으로 인한 일시적 쾌감에 불과할 뿐, 우리가 실제로 살아가야 하는 삶의 온전한 영역일 수는 없다. 그럼에도 이 시대는 전방위적으로 우리에게 어떤 이미지들을 주입하고, 그 이미지를 좇으라고 하며, 그 이미지에 도달할 수 있다고 속삭인다. 결국 그 이미지 속에 살아야만 한다는 강박을 심어 놓는다.

삶이 온전해질 수 있는 가능성은 적어도 '타인들의 이미지' 속에 있지는 않다. 모든 시대는 저마다의 방식으로 삶을 빼앗는데, 이 시대는 확실히 사람들의 삶을 잊게 만드는 방법으로 이미지를 활용하고 있다. 이미지를 보고 이미지를 좇으며 삶을 잊어버릴 것, 삶과 현실이 놓여 있는 실제적인 맥락으로부터 이탈될 것, 그리고 계속하여 어떤 위안의 이미지를 제공하는 것들에 돈과 시간을 바칠 것. 그것이 이 시대의 지상 명령이고, 우리가 삶을 박탈당하는 방식이다.

청년세대 이야기로 시작했지만, 사실 이것은 이 시대를 살아가는 모든 사람들의 문제가 아닐까 싶다. 다만 청년세대가 그런 흐름을 가장 예민하고 적극적으로 받아들이고 있을 뿐이다. 또한 자본과 권력을 거의 할당받지 못한, 가장 적은 파이를 손에 쥔 청년세대가 그런 삶과 이미지의 간극을 가장 거대하게 느낄 뿐이다. 문제는 이 간극이 계속 벌어질 것이라는 점이다. 이 간극을 좁히려는 여러 시도가 이루어지겠지만 그런 시도가 무색할 정도로 간극은 벌어질 것이다. 나는 우리 시대의 각자가 가장 절실하게 마주해야 할 진정한 전선은 그 간극에 있다고 생각한다. 그것은 삶을 되찾기 위한 전쟁일 것이다.

정지우, 「인스타그램에는 절망이 없다」, 한겨레출판, 2020.

생각해 볼 문제

1. 청년 세대에게 '인스타그램'이 어떤 의미를 갖는지 생각해 보고 자신만의 정의를 내려 봅시다.

의미	
자신만의 정의	

2. SNS의 장점과 단점을 찾아서 정리해 봅시다.

장점	단점

3. SNS가 불러오는 상대적 박탈감에 대해 자신의 생각을 말해 봅시다.

4. SNS는 명암을 동시에 지니고 있습니다. 다음 그림을 참고하여 모든 세대를 아우르며 공감할 수 있는 올바른 SNS 사용법을 주제로 한 편의 글을 써 봅시다.

	1950년	1960년	1970년	1980년	1990년	2000년
세대 구분	베이비붐 세대		X세대		밀레니엄 세대(Y세대)	Z세대
출생 연도	1950~1964년		1965~1979년		1980~1994년	1995년 이후
인구 비중	28.9%		24.5%		21%	15.9%
미디어 이용	아날로그 중심		디지털 이주민		디지털 유목민	디지털 네이티브
성향	전후 세대, 이념적		물질주의, 경쟁사회		세계화, 경험주의	현실주의, 윤리 중시

통계청, 맥킨지코리아

CHAPTER 2

청춘과 꿈

1. 누가 날 싫어해도 괜찮아

나는 에스프레소를 즐겨 마시지 않는다. 대학에 입학한 지 얼마 안 된 아직 쌀쌀한 봄, 학교 앞에 있는 스타벅스에 처음으로 혼자 들어가 봤다. 요즘 대학생들은 믿기 어려운 얘기겠지만 내가 자란 지역에는 당시 스타벅스는커녕 '커피숍' 자체가 없었고(커피숍은 '어른들'이 사기잔에 담겨 나온 믹스 커피를 마시러 가는 곳이었다), 그래서 스타벅스는 나에게 신문명과도 같은 곳이었다.

'잘할 수 있을까' 조마조마한 마음을 달래며 카운터 앞에 딱 섰는데 어라, 커피 종류가 너무 많은 거다. 그때까진 세상에 커피라곤 까맣고 따뜻한 것(아메리카노)만 있는 줄 알았는데! 그래서 잘 아는 척하면서 자연스럽게 그것을 시키려고 했는데, 메뉴판에 적힌 커피 종류가 너무 많아서 계산대 앞에서 그만 '멘붕'에 빠져 버렸다.

'어서 주문을 해야 해. 어색한 티를 내면 안 돼!'

그래서 그 많은 커피 중 가장 위에 있는 걸 시켰다. 제발 내가 제대로 시켰길 바라면서, 겉으로는 최대한 당황한 티를 안 내려 애쓰면서. 10분 뒤, 작은 잔에 담긴 에스프레소를 소심하게 한 모금 마시고 주문조차 제대로 하지 못했다는 쪽팔림과 쓰기만 하고 당최 알 수 없는 맛에서 밀려오는 당혹감에 얼굴이 새빨개지고 말았다.

'이런 것도 제대로 모르다니. 그렇게 잘난 척 떠들어 댈 때는 언제고 이런 사소한 것도 잘 몰라서 이런 맛없는 음료를 시켜 버렸어. 남들이 보면 얼마나 웃을까.'

지금은 웃으면서 얘기하는 에피소드지만, 그때 그 순간의 나는 정말 땅속으로 꺼져 버리고 싶은 마음이었다.

'나는 내가 똑똑하다고 생각했는데, 사실 전혀 그렇지 않아.'

나의 20대를 돌이켜보면 이런 '에스프레소류' 일화들로 점철되어 있다. 거대했던 자의식에 반해 한참 설익은 자존감은 아주 사소한 것부터(커피 주문에 사활을 건 걸 보라) 모든 면에서 나를 입증해야 한다고 생각하게 했고, 그것이 제대로 되지 않으면 남들이 나를 어떻게 생각할까, 나는 왜 이리 모자랄까 하는 생각에 우울해했다.

참 쉽지 않았다. 시험 2주 전부터 공부해도 하루 전에 벼락치기를 한 친구보다 학점이 낮았고, 세련된 서울 친구들 사이에서 내가 너무 촌티 나는 거 아닌가 혼자 전전긍긍했다. 졸업 전부터 대기업, 외국계 기업에 붙은 동기들 사이에서 나만 취업 못 하면 어쩌나 불안해하다가 이름도 처음 들어본 신생 회사에 도망치듯 입사했다. 그리고 얼마 안 돼 월급이 밀려서 퇴사했다.

난 원래 이렇게 못나지 않았다는 걸, 사실은 똑똑하고 특별한 사람이란 걸 보여 주고 싶은 마음은 컸지만 나의 실패를 만회하려고 애쓰면 애쓸수록 나 자신은 더욱더 작아지는 느낌이었다. 너무 외롭고 내가 초라했다.

어떤 사람들은 이런 감정을 평생 못 느낄 수도 있다. 그런 사람들은 아마 '세상에 거부당한 적이 없는 사람들' 아닐까. 그들에게 이 세상은 노력한 만큼의 보상이 주어지고 필요할 때 적당한 운이 따라 주는, 공정하고 더 노력해 볼 만한 무대일 터이다. 하지만 나는 늘 도저히 결과를 받아들일 수 없는 뽑기 기계를 돌리는 기분이었다. 분명히 노력했는데 결과는 안 나오고, 남들은 신나게 앞으로 달려가는데 나는 제자리 뛰기만 죽도록 하고 있는 것 같은 초라함.

'왜 이러지? 왜 나만 이런 거야!'

그들과 나의 무대는 다르다는 생각, 이 부당한 세상의 룰을 알 수 없다는 불안감에 나의 자존감은 계속 쭈그러들었고, 이것은 마치 도미노처럼 내 삶의 여러 기둥을 픽픽 쓰러뜨렸다. 취업, 회사생활, 친구 관계, 연애.

그러던 어느 날, 그날도 회사에서 한 실수 때문에 온종일 괴로워하고 퇴근하면서까지 곱씹던 중이었다.

'어떻게 그런 실수를 했을까. 나 진짜 바보 아냐? 다른 사람들은 내 실수를 두고 얼마나 어이없어할까?'

머릿속의 목소리가 사정없이 나를 몰아세우는 바람에 걸음을 멈추고 숨을 가다듬어야 했다. 그러다가 문득, 이제 그만하고 싶다는 생각이 들었다. 숨을 쉬기가 힘들 정도였다. 나를 그만 몰아붙이고 싶었다.

"괜찮아. 똑똑하지 않아도 괜찮아. 나를 싫어해도 괜찮아. 괜찮아. 괜찮아."

그 말을 조용히 읊조릴 때 느꼈던 목멤을 지금도 기억한다. 눈물이 차올랐다. 특별해지고 싶었다. 내가 똑똑하다고 믿고 싶었고, 다른 사람들에게도 인정받고 싶었다. 나 자신이 부족하다는 걸 이렇게 받아들이고 싶지 않았다.

그런데 그와 동시에 가슴이 탁 풀리는 해방감이 온몸을 적셨다.

"똑똑하지 않아도 돼. 더는 나를 입증하지 않아도 돼. 남들도 나를 싫어할 자유가 있어. 괜찮다, 괜찮아. 누가 나를 싫어해도, 나를 바보 같다고 생각해도 난 여기서 계속 조금씩 조금씩 걸어서 목표에 닿을 거야."

그날 이후 이 말을 얼마나 많이 나에게 했는지 모른다. 상사가 회식 자리에서 나와 다른 직원을 대놓고 비교하는 말을 듣고 돌아온 밤, 이를 악물고 속삭였다.

"괜찮아. 지금은 부족한 게 많지만 곧 그만큼 할 수 있어. 괜찮아."

영업 1년 차, 혼자 남은 사무실에서 터져 버릴 것 같은 머리를 부여잡고 속삭였다.

"괜찮아. 지금은 모르는 게 많지만 능숙해질 거야. 오늘은 이러지만, 1년 뒤의 나는 더 능숙해질 거야. 그러니까 괜찮아."

괜찮다고 나 자신을 수없이 달래며 버텼다.

"오늘은 바닥이어도 내일은 더 좋아질 거야. 내가 천재는 아니어도 노력하는 사람이니까. 언젠가는 기어코 좋아지고 말 거야."

그리고 몇 년 뒤, 〈언슬조〉에서 '자존감'을 주제로 다뤄 보자는 말이 나왔을 때 깜짝 놀랐다. 내가 더는 자존감 때문에 고민하지 않고, 남들이 나에 대해서 뭐라 생각하든 '그러든지 말든지'라고 여기고 있다는 걸 깨달았기 때문이다. 괜찮다고 스스로를 달래며 다른 이들에게 나를 입증할 필요 없이 내가 원하는 것에만 충실하게 살아도 된다고 다독이는 동안, 나는 실제로 달라졌다.

내가 생각하는 것보다 남들은 나에게 큰 관심이 없다. 나에 대해서 남들이 뭐라 생각하든 간에 나에게 가장 큰 관심과 애정을 가지고 있는 건 나 자신뿐이다. 찰나에 불과한 다른 이들의 평가에 기대는 것은 너무나 억울했기에 난 나의 성실함과 노력만 바라보기로 했다. 똑똑하진 않을 수 있지만, 얼마나 간절한 마음으로 열심히 했는지는 내가 아니까.

이렇게 나는 낮은 자존감에서 졸업했다. 재밌는 건 자존감에서 자유로워지니 이 세상이 나름대로 꽤 공평하고 평등한 무대로 보이기 시작했다는 것이다. 모든 이에게 인정받아야 초대받을 수 있을 줄 알았는데, 내가 나를 끌어안자 나는 원래부터 이곳에 서 있었다는 걸 알게 됐다.

김부장 외, 『언니들의 슬기로운 조직생활』, 한국경제신문, 2020.

생각해 볼 문제

1. 글쓴이가 말하는 '에스프레스류 일화'가 갖는 의미를 설명해 봅시다.

2. 이 글에서 '자존감'에 대한 글쓴이의 인식이 어떻게 변화했는지 생각해 봅시다.

3. 다음 글을 읽고, 자존심과 자존감의 차이에 대해 토론해 봅시다.

자존심과 자존감의 차이

자존심과 자존감의 차이는 무엇인가. 가난하고 소외된 백인 하층민의 빈곤 문화를 당사자의 눈으로 냉정히 성찰하는 J. D. 밴스의 회고록 『힐빌리의 노래』를 덮으며 드는 생각이다. 『힐빌리의 노래』는 가난이 가난을 낳고, 가난이 대물림되는 미국 애팔래치아 산맥 인근 쇠락한 공업지대인 오하이오 미들타운에서 성장한 저자가 사회적 고립과 학습된 무기력이라는 빈곤문화를 형성해 온 비관적 무리에서 벗어나 어떻게 계층이동의 사다리를 밟으며 아메리칸 드림을 이루었는지를 회고하는 책이다.

오해는 마시라. 이 책은 결코 상투적인 아메리칸 드림 신화를 회고하는 책과는 거리가 멀다. 저조한 사회적 신분 상승에서부터 빈곤과 이혼, 마약 중독과 십대 임신에 이르기까지 오만 가지 불행의 중심지인 미국의 '힐빌리 문화'를 내부자의 눈으로 신랄히 성찰하며 더 나은 삶을 향한 희망의 필요성을 역설하는 역작이다. 힐빌리 문화는 레드넥, 화이트 트레이시라는 모욕적인 이름으로도 유명한데, 이들의 문화는 지독히 의리를 중시하고 외부인을 난폭하게 다루는 것으로 악명이 높다. 다시 말해, 법보다 주먹이 더 가깝고, 복지 여왕을 비난하며, 가난이 가풍(家風)이 되어 버린 가난한 백인들의 빈곤문화를 의미한다. 지난 미 대선에서 가난한 백인 남성들이 민주당의 포퓰리즘 정책을 혐오하며, 왜 트럼프를 대통령으로 선출했는지 이해할 수 있는 책으로도 유명하다.

J. D. 밴스는 1984년생 스코틀랜드계 아일랜드인 출신의 후손이다. 그는 힐빌리 문화권에서는 '세상에 믿을 놈 없다'는 것을 신봉하는 마음의 습관을 형성하게 된다고 말한다. 기회를 가로막는 장애물들은 집과 학교 주위에 널려 있고, 노력 부족을 능력 부족으로 착각하는 문화 또한 완고하다. 그런 환경에 둘러싸인

저자가 자신의 학창 시절을 회상하며 '덫에 걸린 기분'이라고 표현하는 것이 전혀 어색하지 않다. 쉽게 말해 이들은 자존심이 센 척하지만, 자존감이 그리 높지는 않았던 것이다.

저자는 10대 시절을 회상하며, 자신은 완전히 다른 세상으로 옮겨 간 '문화적 이주자'라고 비유한다. 자신이 문화적 이주자가 된 데에는 자신을 이해하는 사람들에게 터놓고 이야기하는 것이 중요하고, 타인과 대화하는 법을 배워야 하며, 낙관을 배웠기 때문이라고 말한다. 해병대에 입대하고, 오하이오주립대를 다니고, 예일대 로스쿨에서 법을 공부하며, 저자는 그런 환경에 노출되는 경험을 통해 배웠다고 말한다. 그리고 가난이 가난을 낳으며, 가난이 대물림되며 형성되는 빈곤문화를 극복하는 방안으로 사회적 자본(social capital)의 필요성을 강조한다. 정치학자 로버트 D. 퍼트넘이 '나홀로 볼링'에서 역설한 사회적 자본이란 개인들 사이의 연계와 사회적 네트워크 형성 그리고 호혜성과 신뢰의 규범을 의미한다. 러스트 벨트(rust belt) 지역 고유의 자신을 비하하는 '골창 문화'를 바꾸려는 교육의 힘을 역설하는 것도 그런 이유 때문이다.

'힐빌리의 문화'는 힐빌리의 한국적 버전인 '태극기 부대' 시위에 참여하는 우리나라 가난한 노인들의 빈곤문화를 돌아보게 한다는 점에서 꽤 유의미하다. 또 가난한 사람들은 왜 보수정당을 지지하는가에 대한 사회문화 보고서로서도 의미가 없지 않다. 책을 보며 10대 시절의 암담했던 고립의 나날들이 연상되어서인지 책을 꼼꼼히 탐독했다. 계층이동의 사다리를 어떻게 놓아야 하고, 사회통합을 위한 좋은 정책은 무엇인지 고민하게 한다. 『힐빌리의 노래』를 보며 자존심과 자존감의 차이를 이해하는 것이 꽤 중요하다는 생각을 하게 된다. 결국, 나 자신의 노래를 부를 수 있고, 또 기꺼이 부를 줄 아는 건강한 마음생태학이 중요하다. 교육과 문화의 힘을 바탕으로 한 좋은 정책이 좋은 정치라는 점을 인식하고 실천해야 할 때이다.

고영직, 〈경인일보〉, 2017. 10. 30.

4. 자존감을 소재로 구체적 경험을 활용하여 한 편의 글을 써 봅시다.

2. 돈이 안 되면 절대 지속할 수 없는 걸까

1.

내가 도대체 뭘 하고 싶은 건지 차분히 고민해 보기로 했다. 지금에서야 이런 고민을 하는 게 조금 늦은 감은 있지만, 지금이라도 이 질문에 마침표를 찍어야 한다고 생각했다. 그렇게 하지 않으면 전과 똑같은 실수를 되풀이할 게 뻔했다. 몇 년을 고민해도 답이 나오지 않던 질문이었지만, 기왕 이렇게 된 거 몇 년 더 고민해 보기로 했다.

지금 당장 명확한 무언가를 찾긴 어려웠다. 하지만 내가 추구하는 두루뭉술한 무언가는 있었다. 단순히 돈을 버는 행위를 넘어 그 일을 하는 것 자체만으로도 즐거운 일을 하고 싶었다. 보상을 얻기 위해서 일하는 게 아니라 그 일을 하는 것 자체가 보상인, 그런 일을 하고 싶었다. 수단이 아니라 목적 그 자체인 일, 내 삶에 생기를 가져다줄 수 있는 그런 일을 원했다.

내가 생각해도 정말 한숨이 나올 정도로 모호한 생각이었다. 이런 내 생각을 주변에 설명하는 건 쉬운 일이 아니었다. 내 이야기를 들은 사람들은 다들 이렇게 물었다. "그래서 뭘 하고 싶다고?" 나는 이런 질문을 받을 때마다 "아니, 그냥 앞으로 그런 일을 찾고 싶다고……."라며 말끝을 흐릴 수밖에 없었다. 그런 내게 사람들은 "모든 일은 돈 때문에 하는 거야.", "네가 아직 20대라 뭘 모르는 거야.", "너도 곧 사회에 적응하다 보면 알게 될 거야."라며 내 이상을 짓눌렀다.

그들의 이야기에 반박하고 싶었지만 반박할 수가 없었다. 나는 돈도 없고 그렇다고 돈을 초월할 만한 일이 뭔지도 모르는, 그저 방황하는 청년이었으니까. 마음은 이상을 품고 있다고 하면서 눈과 귀는 현실을 보고 듣는, 줏대 없는 사람이었으니까.

2.

일단 구직은 해야 했다. 생계유지는 해야 했으니까. 감사하게도 학부 시절 교수님의 소개로 공공기관의 계약직 일자리를 얻을 수 있었다. 그곳에서 일하는 동안 내가 할 일은, 내가 진정 원하는 일이 무엇인지 생각하는 것이었다. 섣불리 또 다른 직장을 얻기 전에 내가 진정으로 원하는 게 무엇인지 깊이 고민하는 것이었다.

하지만 아무리 생각해도 답을 도출할 수가 없었다. 내 과거를 돌이켜 보고, 내가 해왔던 모든 선택을 노트에 적어 보기로 했다. 긍정적인 느낌이 드는 선택은 남겨두고 부정적인 느낌이 드는 선택은 지웠다. 그리고 남겨진 선택을 가만히 쳐다보며 그것들의 교집합을 찾아보려 했다. 하지만 찾을 수 없었다. 아무리 억지로 엮으려 해 봐도 엮어지지 않았다. 난 도대체 뭘 하며 산 걸까. 자책만 늘어갔다.

계약이 끝날 때까지 내가 원하는 일을 꼭 찾고 싶었지만, 생각이 깊어질수록 엉뚱한 답만 나왔다. 대학도 졸업하고 몇 번의 퇴사 과정도 겪은 내가, 나를 이렇게나 모른다는 건 참 한심한 일이었다. 방향이라도 찍어야 어디든 나아갈 텐데, 방향을 정하지 못해 어디인지도 모를 길 한 가운데에 우두커니 서 있을 수밖에 없었다. 이렇게 평생 방향만 고민하다 내 인생은 끝나는 건가 싶었다.

불안은 점점 치달아 올랐다. 마치 고속도로를 운전하는데 핸들을 손에서 놓고 있는 기분이랄까. 일단 출발하라고 하니까 힘껏 노를 저어 출발했는데 바다 한가운데서 길을 잃은 느낌이랄까. 아무리 혼자 질문을 던지고 고민해 봐도 나오지 않는 답에, 나는 점점 지쳐 가고 있었다.

혼자서는 무리였다. 너무 답답한 나머지 이 고민을 누군가와 나눠야겠다고 생각했다. 노를 저을수록 산으로 가는 내 생각을 붙잡아 줄 누군가를 만나고 싶었다. 하지만 그럴 사람이 없었다. 내 친구들은 이제 막 신입사원이 됐거나 취업을 준비하고 있었다. 대학 내내 혼자 방황하느라 이런 고민을 털어놓을 선배도 딱히 없었다. 교수님을 찾아가 봐야 꾸지람만 듣게 될 뿐이었다. 아는 사람은 많고 술 마실 친구는 많은데 내 고민을 나눌 사람은 없다는 게 참 아이러니했다.

3.

그러다 내가 손길을 뻗은 곳은 랜선이었다. 당시 소모임을 개설하고 사람들을 만날 수 있는 서비스가 있었는데 이곳을 통해서라면 나와 비슷한 고민을 하는 사람을 만날 수 있을 것 같았다. 한 번도 본 적은 없지만, 그래서 더 깊은 속사정을 꺼낼 수 있는 그런 사람들 말이다.

사이트에 접속해 어떤 모임들이 개설돼 있는지 확인했다. 취업에 제법 도움이 될 법한 실용적인 모임들이 많이 개설돼 있었다. 반면, 고민을 나눈다든지 서로의 아픔을 나눈다든지 하는 모임을 개설한 사람은 단 한 명도 없었다. 고민, 꿈, 불안 등 키워드를 바꿔 검색해도 같았다. 나만 이런 모임을 찾는 것 같아서, 이런 고민을 하는 사람이 나 말곤 없는 것 같아서 슬펐다.

답답한 마음에 인터넷 창을 닫고 일을 하다가 다시 그 사이트에 접속했다. 그리고 어쩌다 그런 생각을 했는지 모르겠지만, 내가 원하는 모임이 없으면 내가 그 모임을 만들어야겠다고 생각했다. 사실 생각을 하기 전에 이미 손은 움직이고 있었다. 모임 참여 인원을 네 명으로 설정하고, 미래에 대한 불안과 고민을 나눠 보자는 취지의 설명글을 적었다. 그리고 모임명을 적었다. '꿈다방'이라고.

난 작명에 소질이 없었다. 왜 그렇게 이름을 정했는지는 아직도 의문이다. 모임명이 뭐가 됐든 누구든 오기만 하면 좋을 것 같았다. 누구든 와서 내 고민을 들어 주기만 해도 감사할 것 같았다.

(중략)

내가 좋아하는 일을 지속하기 위해 꼭 그걸 돈으로 만들 필요는 없다. 돈이 되지 않으면 절대 지속할 수 없다는 사람들의 말에 흔들릴 필요도 없다. 누군가는 꿈을 통해 돈을 벌지만, 누군가는 꿈을 위해 돈을 번다. 사람들은 꿈을 통해 돈을 버는 사람들을 주목하지만, 꿈을 위해 돈을 버는 사람들도 그에 못지않게, 아니 그 이상으로 빛을 발한다. 내 주변엔 그런 빛을 발하며 살아가는 사람들이 많다. 나는 그들을 보며 용기를 얻는다. 내가 좋아하는 것을, 내가 지속할 수 있는 방식으로 지켜 나가야겠다고 다짐한다.

강주원, 「내가 잘하고 있는 건지 잘 모르겠습니다」, 비로소, 2020.

생각해 볼 문제

1. 이 글에 나타난 글쓴이의 심정을 대변할 수 있는 단어를 찾아보고, 그 이유를 설명해 봅시다.

2. 글쓴이의 생각을 '꿈'과 '돈'이라는 단어를 중심으로 정리하고, 나의 생각과 비교해 봅시다.

글쓴이의 생각	
나의 생각	

3. 직업을 선택할 때 좋아하는 일과 잘하는 일 중 무엇을 우선시해야 할까요? 다큐멘터리 〈요요현상〉은 좋아하는 일과 잘하는 일 사이에서 방황하는 다섯 남자들의 이상과 현실, 꿈과 직업을 다룬 작품입니다. 이 영화를 감상한 후 직업을 선택하는 기준에 대해 생각해 봅시다.

4. 이상과 현실 사이에서 괴로워하는 청춘들에게 응원과 위로의 말을 건네는 편지를 써 봅시다.

CHAPTER 3

가족과 사랑

1. 가족이라는 운명과 화해하는 방법

못 보면 죽을 것 같은 절실한 감정 때문이든, 더 이상 혼자 사는 게 지겨워서 이든, 대부분의 사람들은 성장하면 짝을 찾고 그 짝과 가족이라는 세상에서 가장 신비로운 공동체를 구성한다. 모든 가족은 고유한 탄생의 스토리를 갖고 있다. 그렇기에 가족이라는 단어에 거리낌 없이 정상성이나 표준과 같은 개념을 붙여 사용한다면, 세상물정을 모르거나 텔레비전 홈드라마에나 등장하는 가상의 가족을 사실의 가족과 혼동하고 있다는 증거이다. 표준적인 가족은 너무나 익숙하지만 막상 주위에서 구체적인 사례를 찾으려면 사라지는 신기루와도 같다. 단지 표준적인 가족, 정상적인 가족에 대한 신화가 너무나 굳건한 나머지 모든 가족 구성원들이 자신이 속한 가족이 바로 그 정상성의 표식인 듯 증명하기 위해 노력하고 있을 뿐이다. 그래서 사람들은 거실에 가족사진을 건다.

살아 있는 사람이라면, 누구나 탄생이라는 재생산 과정을 거친다. 생물학적 탄생을 가능하게 한 가족의 구성원에 대해, 우리는 성별에 따라 그 사람이 남성이라면 아버지라 부르고, 여성이라면 어머니라는 호칭을 부여한다. 아버지와 어머니는 우리 모두의 탄생과 성장에 관여되어 있다. 삶에서 처음 배우는 공포는 아버지와 어머니의 부재에서 온다. 잠시라도 눈에 보이지 않으면 마치 미아라도 된 것처럼 울어 대며 아버지와 어머니를 찾던 유년 시절이 있었다.

성장하면서 아버지와 어머니가 우리에게 제공하는 환경으로부터 어렴풋이나마 계급의 차이를 느낀다. 부모로부터 자식에게 전해지는 계급의 한계가 느껴질 때 사춘기의 감성으로 출생의 비밀을 의심한다. 그 이후로 부모와 자식은 영원히 '밀고 당기기'의 싸움을 벌인다. 때로는 은덕에 고마워하기도 하고, 때로는 독립된 개체로 인정하지 않는 관습 때문에 갈등을 겪고, 미래의 진로를 두고 서로 다른 것을 원할 때는 마치 서로 원수사이라도 된 양 급격히 서로를 밀어 대다가, 부재의 시간이 지나치거나 자신에게서 아버지와 어머니의 모습을 문득 발견하게 되는 순간이면 부모와 자식은 다시 N극과 S극처럼 서로를 끌어당긴다.

부모라는 호칭을 공유하고 있지만, 아버지와 어머니는 동일하지 않다. 가부장제가 힘을 발휘하고 있는 한, 아버지와 어머니는 부모라는 호칭을 공유해도 동일한 사람이 될 수 없다. 아버지와 어머니는 다르다. 가부장제 질서하에서 아버지는 개인적 성격의 자애로움과 상관없이 기성의 권력을 상징하는 인물에 가깝다. 아버지가 기성의 권력을 상징하는 한, 아버지를 극복하는 문제, 즉 오이디푸스 콤플렉스는 누구나 피해 갈 수 없다. 오이디푸스 콤플렉스의 극복은 가장 비밀스러운 성년의식이다.

카프카라는 청년이 있었다. 이 예민한 청년은 오이디푸스 콤플렉스를 극복하기 위해 평범하지 않은 길을 선택했다. 세간의 남자들은 자신이 아버지가 되어 아버지와 동일한 지위에 오름으로써 오이디푸스 콤플렉스를 극복하는 쉬운 방법을 선택한다. 하지만 카프카는 아버지가 되는 쉬운 방법이 아니라 아버지를 고발하는 어려운 방법을 선택했다. 그는 아버지에 대해 고민하고 절망한다. 그리고 항변한다. 일견 카프카는 어리석어 보인다. 카프카는 쉬운 길을 놓쳤다. 아버지가 권위적이면 어떤가. 아버지는 잘나면 그만이다. 영악한 사람들은 카프카처럼 아버지와 대결하지도 고민하지도 않는다. 어떤 사람들에게 아버지는 '자산'이다. 그들은 아버지에 대해 고민하지도 않고, 아버지의 모습에서 권위주의를 읽어 내지도 않는다. 아버지가 '자산'으로 다가오는 순간, 그들은 오이디푸스 콤플렉스를 자신들만의 럭셔리한 방법으로 해결한다. 그들은 성찰적인 카프카와는 달리 '유산 상속'이라는 방식으로 오이디푸스 콤플렉스를 잠재운다.

하지만 카프카는 아버지와의 대결이라는 방법을 택했다. 아버지는 카프카에게 권위의 상징이자 공포의 기원이었다. 그 권위와 대결하는 과정은 개인적으로는 오이디푸스 콤플렉스의 해결 과정이었고, 동시에 카프카 문학에 창작 에너지가 제공되는 순간이었다. 성인이 되어 카프카는 아버지 앞에서 느꼈던 압박을 부치지 못한 편지를 통해 표현했다. "저는 제 모든 생각에서 아버지의 심한 압박을 받고 있었으니까요. 아버지의 생각과 일치하지 않았던 생각의 경우에도 마찬가지였고 오히려 어떤 때는 특히 심한 압박을 받았지요. 아버지한테 매여 있는 것으로 보이는 이 모든 생각들은 아예 처음부터 아버지의 부정적인 판결이 내려질 것을 각오해야 하는 부담을 안고 있었던 거지요. 그러니 무슨 생각이든 그것을 온전하게 지속적으로 실행에 옮기기까지 내내 그런 부담을 견뎌 낸다는 것은 거의 불가능했습니다."

카프카의 아버지는 도처에 있다. 그 아버지의 특성은 개인의 특질이라기보다 그가 살았던 시대의 특징에 가깝다. 그래서 아버지를 극복하는 문제는 단순히 불효의 태도가 아니라, 새로운 시대에 대한 갈망과 연결되어 있었다. 아버지 극복은 권위주의에 대한 극복과 같았다. 카프카에게 아버지는 권위의 상징이었다. "아버지는 저한테 그토록 엄청난 권위로 여겨지던 분이셨으니까요. 그로 인해 세계는 세 부분으로 나누어지게 되었지요. 그 하나는 제가 살고 있는 노예의 세계로 나를 위해서만 제정된, 그러나 왠지 모르게 나로서는 결코 온전히 따를 수가 없는 법칙들이 지배하는 세계였고, 두 번째로는 내 세계와는 무한히 멀리 떨어진 세계로 아버지가 살고 계신 세계였는데 그곳에서 아버지는 통치하는 일에 열중하여 수시로 명령을 내리셨고 그 명령이 지켜지지 않을 때면 크게 역정을 내셨지요. 그리고 마지막으로 세 번째 세계는 나머지 사람들이 사는 세계였는데 그들은 명령과 복종의 일에서 벗어나 자유롭고 행복하게 살았습니다. 저는 줄곧 치욕 속에서만 살았지요. 아버지의 명령에 따랐으나 그건 치욕이었습니다." 비록 부치지 못했다 하더라도 카프카에게 '아버지에게 드리는 편지'는 자식이 성장해 기성의 권위주의에 기대지 않고, 저벅저벅 걸어 나오는 치유의 길이었다. 이 편지가 완성되었을 때, 카프카는 사실 아버지에게 그 편지를 부칠 필요가 없었다. 이미 그는 아버지로부터 독립적 개체로 성숙했기 때문이다.

(중략)

사람들은 이렇게 부모의 자식으로 태어나 부모가 자식에게 물려주는 사회적 운명을 뒤집어쓴 채, 괴로워하고 신음하다가 자신만의 방법으로 이전 시대와 대결하는 방법을 깨닫고 그렇게 성인이 된다. 그래서 사람들은 성인이 되었을 때, 그 사람이 누구의 자식인지는 더 이상 중요하지 않게 된다. 성인이란 자신의 이름으로 세상을 살아가는 자신감을 담는 그릇이다.

하지만 성인이 되어서도 여전히 누구의 아들이나 딸로 기억해야 하는 사람들이 있다. 억세게도 운이 좋은 사람들은 누구의 아들이나 딸인 데다가 누구의 손자, 손녀이기도 하다. 왜 내 이름과 아버지, 할아버지의 이름을 연결시키고 조롱하냐고 그들은 따질 수 있다. 하지만 자신의 아버지와 할아버지가 없었어도 오늘의 그 지위에 오를 수 있었던 사람, 오직 자신의 이름만으로 그 자리와 부를 이룩한 사람만이 자신 있게 따질 수 있다. 이재용이 아버지 이건희 회장과 할아버지 이병철 회장이 없었어도 그렇게 많은 부를 획득할 수 있었고, 박근혜가 대통령 박정희와 영부인 육영수의 딸이 아니었어도 오늘날의 지위에 오를 수 있었다면 불만은 정당하다. 하지만 이병철 회장, 이건희 회장, 전두환 대통령, 김영삼 대통령과 박정희 대통령이 없었다면, 우리가 지금 알고 있는 그들의 아들과 딸인 이재용, 전재용, 김현철과 박근혜는 없었을 것이다.

나의 부모는 나의 과거이다. 내가 성장하여 성인이 되면서 부모와 나의 관계는 변했다. 언제부터인가 과거인 아버지는 현재인 나에게 자리를 물려주었다. 나는 성인이 되기 위해서 나의 과거인 부모를 미워하지도 않고 부끄러워하지도 않으면서 극복해야 했다. 부모와의 새로운 관계 정립은 따라서 과잉된 부모의 흔적을 지워 버리고, 나의 이름으로 세상을 살아가려는 의지의 선언이기도 했다. 우리는 아버지에게, 왜 당신은 이병철과 박정희가 아니었냐고 투정 부리지 않는다. 우리는 각자의 이름으로 살아가고 있기 때문이다. 성인은 그런 투정을 부리지 않는다. 단지 철부지만이 부모 탓을 한다.

누구든 자신의 부모를 극복하지 못하면, 성인이 될 수 없다. 성인이 된 세상 사람들은 자신의 이름으로 삶을 살기에, 그들이 내미는 명함 속에는 자신의 이름만 적혀 있다. 누군가 내미는 명함의 뒷면에 부모의 이름이 적혀 있다면, 그 사람은 치사한 반칙을 하고 있는 셈이다. 누군가 왜 명함 뒤에 부모의 이름이 적혀 있냐고 따진다고 하자. 성인이 된 사람은 부모의 이름을 곧 명함에서 지우고 죄송하다는 말을 남기지, 화를 내지 않는다. 명함에서 부모의 이름을 지우고, 자신의 이름만이 새겨진 명함을 건네는 자는 페어플레이를 하고 있다.

자신의 이름으로 살고 있는 사람에게 아버지와 어머니의 과거는 열어서는 안 되는 판도라의 상자가 아니다. 부모의 과거가 담긴 상자가 열리는 걸 두려워하는 사람은 자신이 아닌 부모의 유령으로 살고 있는 사람이다. 무엇이 숨겨져 있든 두려워하지 말고 아버지와 어머니의 상자를 열어야 우리는 집단적으로 오이디푸스 콤플렉스에서 벗어날 수 있다. 만약 누군가 과거와의 화해의 악수가 교환되는 곳에 자신의 손을 떳떳하게 내밀지 못하거나, 봉인된 상자를 열었다고 화를 내고 있다면, 그 사람은 자신이 여전히 성인이 아님을 입증하는 셈이다.

노명우, 「세상물정의 사회학」, 사계절, 2013.

생각해 볼 문제

1. 글쓴이가 이 글을 통해 독자에게 말하고자 하는 메시지가 무엇인지 한 문장으로 요약해 봅시다.

_____

_____

2. 글쓴이가 말하는 진정한 성인의 의미는 무엇인지 이야기해 볼까요? 다음 자료를 바탕으로 우리 사회에서 수저계급론이 시사하는 의미에 대해 생각해 본 후, '진정한 성인'에 대한 나의 생각을 정리하여 주관적 정의를 내려 봅시다.

> 수저계급론은 대한민국에서 2015년경부터 자주 사용되고 있는 사회 이론이다. 영어 표현인 '은수저를 물고 태어나다(born with a silver spoon in one's mouth)'에서 유래한 것이며, 유럽 귀족층에서 은식기를 사용하고, 태어나자마자 유모가 젖을 은수저로 먹이던 풍습에서 유래한 말이며, 태어나자마자 부모의 직업, 경제력 등으로 본인의 수저가 결정된다는 이론이다. 청년실업, 부익부 빈익빈 등의 각종 사회 문제와 맞물리면서 큰 공감을 얻고 있고, 부모의 직업, 경제력 등에 따라서 금수저, 은수저, 동수저, 흙수저 등의 다양한 분류로 갈라진다.
>
> 위키백과

_____

_____

3. 다음은 가족과 부모를 소재로 학생이 쓴 에세이입니다. 글쓴이는 자신의 삶에 있어 부모를 어떠한 존재로 인식하고 있는지 이야기해 봅시다. 나아가 노명우의 글과 다음 에세이를 비교·대조해 봅시다. 어떠한 공통점과 차이점을 발견할 수 있나요?

2g의 삶

자식은 부모의 거울이요, 자화상이라는 말을 들은 적 있다. 자식이 잘못하면 그의 부모님이 욕을 먹는다는 말은 내가 어린 시절 많이 듣던 말 중 하나다. 그 당시 그 뜻을 알지 못했던 어린 나는, 그 말이 귓전을 때릴 때면 지레 겁을 집어먹고 부모님을 욕보이지 않으려 몸을 사렸더랬다. 그 뒤를 이어 '닮았다'라는 말은 지금까지도 많이 듣는 말로 엄마와 나란히 길을 걸을 때면 심심치 않게 들려온다. 그럴 때면 늘 이 일화가 생각나곤 한다.

중학교 3학년 때의 일이다. 졸업앨범에 실을 어릴 적 사진을 가져오라는 말에 온 집안을 뒤져 먼지가 켜켜이 쌓인 상자 몇 개를 발견했다. 그 안에는 내 어릴 적 사진들뿐만 아니라 엄마의 결혼 전 사진들도 담겨 있었다. 그중에서 유독 내 눈길을 사로잡았던 건 엄마의 중학교 졸업앨범이었다. 엄마의 열여섯은 어땠을까. 설레는 마음을 붙잡고 펼친 앨범에는 모두 하나같이 귀를 간신히 덮은 단발머리를 하고 있었다. 소름 끼치도록 같은 모습의 앳된 얼굴들 틈에서 엄마를 찾기란 그리 어려운 일이 아니었다. 동그란 눈으로 정면을 응시하고 있는 똑단발의 내가 있었기 때문이다. 마치 열여섯의 나의 자화상을 보는 느낌이었다. 엄마와 닮았다는 말을 숱하게 들었어도 공감이 가지 않았는데, 그제야 처음으로 나와 엄마의 외모가 닮았다는 것을 깨닫게 된 것이다. 그 이후 닮은 구석이라곤 외모밖에 없을 거라 생각했던 나는, 어느덧 나에게서 엄마를 찾는다. 엄마의 작은 말버릇까지 닮아 있는 나를 느낄 때면 어김없이 나에게 녹아 있는 엄마를 발견한다.

모진 풍파가 긁고 지나간 자리에 새겨진 흉터는 엄마에게 주름이 되었고 곱게 짜인 주름들은 엄마의 삶이 되었다. 그리고 그것은 누구도 가히 짐작할 수 없을 만큼의 고통을 인내하면서 만들어진 것일 테며, 눈물과 땀으로 만들어진 것일 터이다. 그것들이 나에게 스며들어 '나'라는 기초를 세울 때까지, 눈물 한 방울, 땀 한 방울로 빚어진 나는 엄마의 자화상이었으리라. 2g의 무게를 가진 나는 당신의 삶이었으리라.

　　어린 시절 엄마는 항상 양보만 하는 나에게 너무 양보만 하지 말라고도 하셨고, 제 의사를 제대로 표현하지 못해 얼버무리는 나에게 좋은 건 좋다, 싫은 것은 싫다고 제 의사를 분명하게 표현하라고도 하셨다. 그렇게 나에게 입이 마르도록 말씀하셨던 엄마의 말은 현재 나의 자화상이 되었다. 나는 조금씩 나의 이익을 챙길 줄 알게 되었으며, 싫은 것은 싫다고 표현할 수 있게 되었다.

　　최근 들어 엄마가 나에게 하는 말이 있다. 사람이 겪어야 할 몫은 크기도 모양도 다르다고. 그것을 거쳐 가야지만 앞으로 나아갈 수 있다고 말이다. 비록 별조차 보이지 않는 어둠을 혼자 거닐지라도, 내가 앞으로 그려 나아가야 할 미래를 위해 꼭 거쳐야만 하는 관문이라면 담대히 앞으로 나아갈 것이다. 그리고 마침내 그 긴 터널을 통과했을 때 한층 더 성숙해진 미래의 자화상을 기대할 수 있을 것이다.

　　비록 내게 스며들어 있는 2g의 삶이 나의 뿌리가 되었을지라도, 앞으로 내가 그려 갈 미래는 엄마의 삶이 될 순 없을 것이다. 시간이 지날수록 뿌리는 더욱 깊어질 테지만, 그것을 발판 삼아 하나씩 쌓아 올려지는 것은 '온전한 나'의 조각들일 것이다. 그리고 그 조각을 찾는 것이야말로 '온전한 나'의 자화상을 그려 나가는 것이며 나의 2g의 삶을 찾아가는 것이다.

무역물류학과 홍정민

공통점	차이점

4. '가족' 또는 '부모'를 소재로 한 편의 자전적 에세이를 써 봅시다.

2. 사랑의 내부에서 일어나는 일

내 소설 속의 여자들은 사랑을 하고 있거나 사랑을 끝냈거나 사랑을 찾아 떠나는 여자들이다. 그들은 습관성 약물 중독자처럼, 사랑 없는 삶을 견디고 싶어 하지 않는다. 안개 가득한 사고 다발 구역의 거주자들처럼 그들의 생애에서는 상습적인 충돌들이 일어난다. 혹은 단 한 번의 사랑이라 해도 마찬가지이다. 그들은 마지막 순간까지 유일한 사랑을 손가락 사이에서 놓지 않음으로써, 열정 속에서 생을 완결시키려 한다. 그들은 삶을 향한 예민한 감수성 때문에 사랑하며 실존에의 욕망으로 사랑한다.

생명의 유기체인 이 공활한 세계 내에서, 타자들이 구성체인 이 사회 공중 속에서, 역할의 구성체인 가족 속에서, 사랑만이 한 개인에게 진정으로 사적인 것이며 일백 퍼센트 자신에게 일어난 일이며 자신이 각성할 수 있는 현재형이며 어떤 상대성도 없이, 절대적 광휘로 빛나기 때문이다.

그 여자들이 사랑 없는 세상에서 굳이 눈을 떠야 할까?

관계화되어 틀 속에 붙박이는 타자들, 먼 직장과 학교와 학원을 오가는 심야와 새벽 사이의 환승역 같은 가족들의 집, 보험회사에서 프로그램화시켜 나누어 주는 생애들, 어떤 병명으로든 병원에서 눈을 감고 화장장에서 건조하게 처리되어 허공 속에 흡수되는 죽음, 시멘트 도시, 푸르고 붉은 조명들, 분류화되고 기계화된 대규모 시장들, 패키지화된 여행들, 학교와 학원의 소음 속에서 처리되는 아이들의 성장기, 유원지화되고 공원화된 자연들, 혹은 공장과 창고와 대형 중고자동차 매매장과 모텔과 '가든'과 대형 사우나와 축사가 늘어선 무질서한 시골 풍경⋯⋯. 직업적 활동이란 무제한 경쟁 사회 속에서의 물질적 쟁취를 의미하며 성공은 자본의 구축으로 증명된다. 존경? 그것은 아무도 원하지 않으며 원한다 해도 아무도 바칠 의사가 없다.

그렇다. 많은 냉소적 지성인들이 말하듯 눈을 부릅뜨고 이 세계를 있는 그대로 똑바로 쳐다보아야 할 것이다. 있는 그대로……. 그래서 무엇을 보았는가? 있는 그대로라는 그런 것이 대체 있기는 한 것인가? 걷잡을 수 없이 운명적 방향으로 흘러가는 이 오류와 과오의 세계, 이 아귀다툼의 사회 내에서 맨 정신으로 눈을 뜬다는 것은 사막의 모래바람과 쏟아붓는 불의 열기 속에서 망막을 손상시키며 두 눈을 흡뜨는 것과 같은 것이다.

그들은 다시 변태를 준비하는 벌레처럼 맑은 눈을 감는다. 백 번이라도 천 번이라도 눈을 감고 사랑의 주문을 외우고, 주전자의 물을 부어 두 손바닥 위에 푸른 꽃을 개화시킨다. 보르헤르트(1921~1947)는 말한다. 수십, 수천 세기의 시간이 흘러가지만, 사건이 일어나는 것은 현재뿐이다. 공기 중에, 땅에, 바다에 수많은 사람이 있지만, 실제로 일어나는 일은 바로 나에게 일어난 일뿐이다. 그들에게 현재 속에서 실제로 일어난 일은 손바닥 위에 피어난 그 푸른 꽃이다. 아무도 믿지 않을, 누구에게도 발설할 수 없는, 오직 홀로 발견하고 몰입하고 그리고 저 홀로 잃어 갈 푸른 기적.

이 푸른 꽃의 계절 동안 그들은 대중의 표면 위로 남다른 표정을 지으며 스스로 부상한다. 나는 살아 있어요. 나는 경험하며 아파하며 울고 웃고 꿈꾸고 미칠 듯이 괴로워하며 죽을 듯이 황홀한 삶의 강물 속에 빠졌어요. 이 속에서 나는 당신들에게 관대하고 세상을 참아내며 꽃들과 바람과 구름의 언어들을 번역할 수 있어요. 나는 팔을 벌리고 푸른 강물 위로 하얗게 떠내려가요. 어딘지 모를 곳으로……. 이렇게 이렇게 떠나가고 있어요. 살아가고 있어요.

나는 사랑의 옳고 그름을 말하지 않는다. 오직 사랑 그 자체를 말한다. 지금은 그런 시대가 아니다. 옳고 그름의 문제가 아니라, 그것을 감당할 수 있는가 없는가가 문제이다. 당신은 당신의 사랑을 이 삶 속에서 감당할 수 있는가?

내 소설에서 대개 사랑의 궁극은 연인들이 하나가 되는 결합이 아니라 두 사람의 개인화였다. 그 여자는 더욱 더 그 여자가 되고 그는 더욱 더 그가 된다. 더욱 더 자신으로 강화된 연인들은 더욱 더 자기화한 삶을 살게 된다.

사랑의 힘은 기묘하게 작용해 온 것이다. 개인의 욕망을 타고 달려서 나가는 곳은 역시 각자의 개인적 자유이다. 이 딜레마에 고통과 상처와 공허와 우수가 존재한다. 그것이 개인적 삶의 본질이다. 그러니까, 사랑은 둘이 하나 되는 일이 아니라, 둘이 더 강한 둘이 되는 자기중심주의의 강화이다.

내 소설의 연인들은 강화된 자기중심주의로 함께 세계와 맞선다. 이 사회의 표준적 가치들, 관습들, 역할들……. 그들은 손을 쥐고 한몸이 되어 빠져나간다……. 빠져나간다……. 사랑하는 연인들은 보장받을 수 없고 끊임없이 변해가는 사랑이라는 제도의 시민으로서 전례 없는 삶과 죽음을 향해 각자 나아가게 된다.

어느 정도로 강하게 깊숙하게 사랑하는가는 순전히 두 연인의 개별성에 달려 있다. 어디까지 사랑하든 그 천차만별성은 그대로 긍정적이다. 사랑은 사랑 이상도 아니고, 이하도 아닌 것이다, 연애지상주의자로서 유희와 쾌락과 상처와 냉소의 과정을 능숙하게 반복하던 사람도 어느 날 치명적인 사랑에 빠져 거미에게 먹히는 날벌레같이 희생물이 될 수도 있다. 그러나 사랑의 더욱 진지한 문제는 이 삶 속에서 감당해야 하는 사랑에 관한 것이다. 그러니까 유희와 쾌락과 자기 확장과 삶과 포용으로 이어져야 하는 사랑……. 내 소설 속 인물들의 경우처럼 더욱 더 개인화되고 자기를 강화시킨 두 연인이 문학 속에서가 아니라 이 현실에서 함께 살아야 하는 삶 말이다.

최근에 나는 사랑에 관한 두 가지 심각한 고민을 들었다.

하나; 제게는 10년 동안 사귄 연인이 있어요. 집안 식구들, 친구들, 회사 동료들, 모두가 결혼할 줄 알지만, 정작 나는 그 터널 속으로 들어가고 싶지 않아요. 그를 싫어하지는 않아요. 하지만 나는 직장도 안정되었고 혼자의 생활에 만족해요. 우리 사이에 결혼의 여러 문제와 양가 가족이 들어서는 것이 살아보지 않아도 지리멸렬하게 느껴져요. 결혼 외에 다른 대안이 없나요? 서른 살이 닥치니까 가족 속에 비좁게 낀 남자친구는 자꾸 조르고 그 집에서도 의아해하고, 아버지는 윽박지르고 엄마는 근심하고, 여동생은 기다리고 동료들과 친척들은 결혼 안 하냐고 자꾸 묻고……. 그런데 왜 집을 나가야 하죠? 동생도 결혼하면 집엔 엄마와 아빠와 나만 남을 텐데, 그냥 집에 눌러 살면 안 되나요? 정말 외국으로 도망이라도 치고 싶어요. 몇 년 여행을 하고 오면 이 국면이 바뀌어 있겠죠. 어떤 모습이든.

둘; 우린 둘 다 싱글이고 집에서 자립한 상태지요. 물론 아직 따로 살고 있어요. 서로 강렬하게 끌리지만, 근래에 난 몹시 피로해요. 일종의 사랑의 피로죠. 혼자의 시간이 부족하고 사생활도 없어요. 더구나 남자친구는 다른 사람들과의 교류를 아주 싫어해요. 여자친구와 나누는 교류조차 낭비라고 여기죠. 하루 스케줄을 간섭하고 매일매일 만나고 싶어 해요. 난 공연히 서성대고 아이쇼핑할 시간도 없으며 심지어 마음에 드는 옷을 골라 입을 여유도 없지요. 사랑하니까, 그의 눈빛이 하는 요구에까지 샅샅이 따르게 되요. 물론 기꺼이요. 하지만 요즘은 잘못되어 가는 기분이 들어요. 사랑이 또 하나의 직업 같거든요. 사랑을 이토록 힘들게 해야만 하는 걸까요? 때로는 무엇이 이토록 힘든 사랑을 하게 할까, 하는 의문이 들 때도 있어요. 난 그와의 사랑을 이루고 싶어요. 헤어지지 않고 결속하려면 결혼밖에는 방법이 없죠. 하지만 이 사람과 하고 싶으면서도 동시에 비관적이기도 해요. 지금도 이런데 결혼하면 얼마나 빠듯하고 피곤할까요? 헤어지는 것도 끔찍하지만, 결혼도 두려울 정도죠. 휴식이, 정말 혼자 망중한을 보내는 휴식이 필요해요. 혼자 바닷가로 여행을 떠나고 싶고, 며칠쯤 연인을 잊고 싶어요. 하지만 분명한 건 그가 없어지면 난 견디지 못할 거라는 점이에요. 우리는 안정될 수 있을까요? 진정으로 사랑하면서 또 쿨해질 수는 없을까요? 그러면 안 되는가요?

첫 번째 경우, 나는 묵묵히 듣고 빙긋 웃었다. 아마 그 자리에서 버티다가는 그대로 결혼의 터널로 밀려들어 갈 것이다. 아버지는 절대로 자기 집에서 딸이 늙어 가도록 두지는 않을 테니까. 아니면 여행이라는 모험을 하게 될 텐데, 말 그대로 모험이어서 돌아왔을 땐 이미 자신마저 고민하던 자신은 아닐 것이다. 내게 굳이 묻는다면, 국면도 바꾸고 자신도 바꿀 필요가 있다고 말할 것이다. 사랑과 인생이란 쉽게 카운슬링할 수 있는 문제가 아니다. 변수 투성이니까. 결국 자기 지성으로 문을 열어야 한다.

두 번째 경우는 훨씬 심오했다. 그녀의 나이는 서른 중반이었다. 안정되면서 진정으로 사랑하기란, 자기 확신과 사랑의 은유가 작동되어야 하는 너무나 고차원적인 삶의 행위인 것이다. 결혼 속의 진정한 사랑, 머나먼 여정이 보이는 행로이다. 그것은 두 연인의 의식과 행위가 동시에 전환되어야 하며, 설득이나 교화가 아닌 사랑 그 자체의 힘으로 이심전심의 전이가 이루어져야 하는 성스러운 여정이다. 과연 완전한 사랑의 내부에는 어떤 일이 일어날까?

사랑에는 달리 목적이 없다. 사랑 외에는. 나는 사랑하는 사람들의 가장 큰 힘은 지성이라고 생각한다. 스스로 자기 현실을 사유하고 자각하고 해결하며 어떤 벽 앞에서도 문을 열고 나가는 힘이 진정한 지성이다. 사랑은 한 나라 문화의 총체적 결산이며 꽃이다. 사랑은 개인적인 일 같지만 실은 이 사회의 문화 환경과 가치와 물질적 조건에 교묘하게 지배당하며 그 속에서 움직이고 있다. 가장 개인적인 일이기는 해도, 그 조건들과 한계를 극복하지 못하는 한 그것 역시 이 사회에 영혼을 저당 잡힌 볼모들의 개인사인 것이다.

돌이켜 보면 내 소설 속의 여인들이 그토록 오랫동안 젊음인 채로 존재한 것은 불가사의하다. 그들은 아직 꽃 피기 전의 푸르디 푸른 의식을 몸 중심에 품고 있었다. 그 여인들은 충분히 떠나갔고 괴로워했고 울었고 모색했고 다른 곳에 닿았으며 발견했고 환멸했고 부활했다. 그랬다 충분했다. 이제 나는 저마다 자기의 꽃을 피운 진정한 여인들을 꿈꾼다. 그들은 이 현실의 모래바람 속에서 두 눈을 뜨고 다시는 감지 않을 것이다. 그들은 스스로 좌절하거나, 아무도 모를 손바닥 위의 푸른 꽃으로 자신을 속이지 않을 것이다. 그들은 이 건조하고 냉혹한 사막의 세계에서 푸른 초원과 오아시스를 잉태하고 실제로 낳을 것이다.

나는 그들이, 방황하며 환승하는 타자들의 구원받을 길 없는 아픔들을 쓰다듬기를 바란다. 삶 속에서 사랑하기, 자기 확신과 은유가 시작될 때 사랑은 드디어 영혼의 내실로 들어선다.

전경린, 「사랑 풍경」, 섬앤섬, 2012.

생각해 볼 문제

1. 내가 생각하는 이 글의 주제문을 글 속에서 찾아 직접 표시해 보고, 글쓴이가 독자에게 말하고자 하는 메시지를 한 문장으로 요약해 봅시다.

2. "사랑에 관한 두 가지 심각한 고민"의 두 가지 경우 중 한 가지를 택한 후, 여러분이 직접 연애 상담사 또는 조언가가 되어 답변해 봅시다.

3. 다음은 '사랑'을 주제로 한 인터뷰에서 전경린과 또 다른 작가가 답한 내용입니다. 두 작가의 관점을 비교해 보고 여러분의 사랑관은 어디에 가까운지 한 단락으로 설명해 봅시다.

- 소설가 J: 사랑의 궁극은 '연인들이 하나가 되는 결합이 아니라 두 사람의 개인화'라고 생각해요. 즉, '그 여자는 더욱더 그 여자가 되고 그는 더욱더 그가 되는 과정이라고 할 수 있지요. 더욱더 자신으로 강화된 연인들은 더욱더 자기화한 삶을 살게 될 수 있어요. 어느 정도로 깊숙이 사랑하는가는 순전히 두 연인의 개별성에 달려 있다고 봐요.
- 소설가 P: 스탕달이 말한 바와 같이 '사랑은 잘츠부르크의 암염'과 같아요. 사랑에 필요한 덕목은 상대의 결핍과 분열을 너그럽게 받아들이고, 인내하는 일이에요. 그 과정은 나무가 땅에 묻혀 썩듯이 내가 '썩는' 고통스런 과정과도 흡사하지요. 내가 썩어 없어지지 않고 어떻게 타인의 자아가 내 안으로 들어와 소금 같은 빛나는 결정체로 자리 잡을 수 있겠어요?

4. 다음 중 한 가지를 택해 사랑에 관한 글을 한 편 써 봅시다.

   4-1. 사랑에 관한 시를 찾아 감상해 보고, 그중 한 편을 택해 시 속 주인공 또는 시적 화자에게 보내는 편지를 써 봅시다.

   4-2. 미래의 연인 또는 배우자를 진지하게 떠올려 보고, 그 사람에게 보내는 편지를 써 봅시다.

CHAPTER 4

예술과 문화

1. 아테네 디오니소스 극장과 삶의 비극

부친인지 모른 채 부친을 죽이고, 모친인 줄 모르고 모친과 결혼한 오이디푸스(Oedipus) 왕. 이제 모든 진실이 밝혀진다. 둘째 남편이 아들인 것을 깨달은 부인이자 어머니는 목을 매어 자살을 한다. 아들이자 남편인 왕은 자신의 야속한 운명을 탓하며 두 눈을 찌른다. 두 눈에서 주르르 피가 흐른다. 왕은 이제 남은 평생 앞은 보지 못한다. 왕좌를 버리고 딸의 팔에 기대어 방랑길을 떠난다. 그의 두 아들은 왕좌를 놓고 서로 싸우다가 둘 다 죽는다. 오빠의 시신을 묻지 못하게 금지한 법을 어긴 죄로 딸은 감옥에 갇히고 그곳에서 스스로 목숨을 끊는다.

이것은 기원전 429년에 초연된 소포클레스(Sophocles)의 '오이디푸스 왕' 및 그 속편의 플롯이다. '오이디푸스 왕'을 비롯한 비극들이 공연된 곳은 디오니소스

아테네 비극 경연이 열린 디오니소스 극장

(Dionysos) 극장. 아테네 파르테논 언덕 아래 경사에 지어놓은 반원형 공연장의 모습은 오늘날에도 그 자리에 망가진 형태로나마 남아 있다. 원래 술의 신 디오니소스는 파르테논에 낄 정도의 아테네 주요 신은 아니었다. 디오니소스를 위해서 파르테논 아래 이곳에 별도의 사당을 지었다. 이곳에서 매년 '도시 디오니소스 축제' 비극 경연이 열렸고, 소포클레스는 이 경연에서 무려 여덟 번이나 우승한 당대 최고의 인기 극작가였다.

소포클레스나 그의 경쟁자들이 무대에 올린 비극의 플롯은 주인공 및 기타 주요 인물이 자연사가 아닌 자해나 타살로 죽는 것으로 끝난다. 그렇지만 피 흘리며 쓰러지는 장면을 무대에서 그대로 재현하는 경우는 드물었다. 무대 밖에서 그런 처참한 일이 벌어진 것을 배우들이 말로 관객에게 전하는 방식을 극작가들은 선호했다. 그렇게 하는 편이 관객들의 호응을 이끌어 내는 데 유리했던 까닭이다.

뛰어난 재능에 갈채를 보내는 이 연극 축제는 아테네 시민 공동체의 결속을 다지는 행사였다. 관객 반응은 아테네의 연극 경연에서 사실상의 판단 기준이었다. 심사위원이 있기는 했으나 이들은 아테네 시민 중 제비뽑기로 선출된 비전문가였다. 동료 시민들이 박수로 환영한 작품에 박한 점수를 주거나, 대체로 냉담한 반응을 보인 작품에 후한 점수를 줄 만큼 소신이 뚜렷한, 또는 취향이 괴팍한 심사위원은 거의 없었다.

디오니소스 축제의 하이라이트는 비극 경연. 참가하는 극작가들은 먼저 아테네의 최고 재판관 '아르콘(archon)'(집정관, 일종의 명예직)의 초대를 받아야 했다. 이들은 한 극작가당 세 편씩, 총 아홉 편을 정해진 규칙에 따라 아테네 시민들에게 선보여야 했다. 배우는 모두 남성으로 여성 인물도 그들이 연기했다.

작품마다 주연배우 외에 '코로스(choros)'가 등장했다. 코로스는 연극 플롯에도 참가하지만, 함께 노래하며 무대를 좌우로 지나갈 때마다 장과 장, 막과 막을 나누는 '커튼' 역할도 했다. 극작가와 배우는 프로페셔널이지만, 코로스는 모두 아마추어. 한 코로스당 인원은 15명으로 모두 아테네 시민이었다. 여성들은 이 모든 공적인 활동에서 철저히 배제됐다.

코로스 멤버가 되면 수당을 받고 연습에 들어갔다. 모든 비용과 책임은 코로스 책임자 '코레고스'의 몫이었다. 코레고스는 돈과 시간에 여유가 있는 시민들이 맡았다. 코레고스가 되는 것은 부유층이 도시 공동체에 기여하는 '레이투르기아(leiturgia)'(봉사세) 중 한 항목이기도 했다. 해당 작품의 작가가 1등을 수상하면, 작가뿐 아니라 그를 도운 코로스 및 코레고스의 영광이었다.

경연이 시작되기 전에 미리 심사위원 선정 과정이 진행됐다. 도시의 제반사를 실무적으로 관리하는 '500인 운영회의'가 아테네의 각 동네별로 후보자 명단을 뽑았다. 후보자 이름은 항아리 열 개에 넣고 봉해서 아크로폴리스에서 보관했다. 이 항아리들을 연극 축제 개막일에 디오니소스 극장으로 가져와서 개봉했다.

아르콘은 각 항아리에서 이름을 한 개씩 뽑아 열 명의 이름을 호명하면 이들은 앞으로 나와 소신과 양심에 따라 판정하겠다고 엄숙히 선서한다. 심사위원들은 아르콘과 함께 객석의 맨 앞줄에 앉아 연극을 관람한다. 모든 작품이 다 공

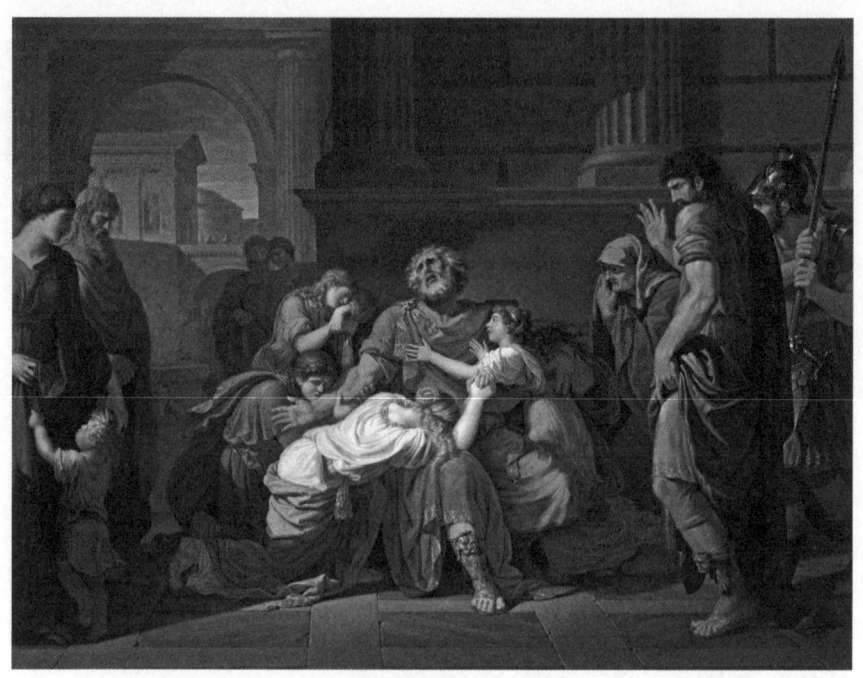

베니녜 가녜로, 〈신에게 자식들을 부탁하는 눈먼 오이디푸스〉, 1784.

연된 후 열 명의 심사위원은 1등에서 3등까지 순서를 매겨 아르콘에게 제출한다. 아르콘은 이 중에서 다섯 명의 판정표를 추첨한다. 아르콘은 모든 참가자와 관객들이 숨죽여 지켜보는 가운데 최종 순위를 발표한다. 해당 극작가는 수천 명의 동료 시민들의 박수를 받으며 앞으로 나온다. 아르콘은 그의 머리에 월계관을 씌워 준다.

고대 아테네의 직접 민주주의가 이렇듯 평화롭고 아름다운 문화예술 경연을 지원하고 가꿔나갔음은 이 도시국가의 가장 놀라운 성취라 할 만하다. 뛰어난 예술가에게 갈채를 보내기 위해 온 도시가 동원됐다. 도시 정부는 축제의 조직과 심사위원 선출을 책임지고, 부유한 시민들은 코로스 모집 및 훈련을 책임지며, 일반 시민들은 심사위원으로, 코로스 멤버로, 관객으로 이 '도시 디오니소스 축제'에 참가했다.

비극의 내용은 깊고 심오했다. 시민들은 운명의 신에게 농락당한 인간의 가련한 처지에 공감했다. 비극 주인공의 죽음을 보며 공포를 느꼈다. 인간의 인간 됨을 온 공동체가 절감하는 도시 축제였다.

아테네를 무력으로 누르고 지중해 지역 문명세계의 지배자로 등극한 로마. 제국의 수도 및 기타 로마의 주요 도시들에도 아테네 극장을 모방한 건물들이 들어섰다. 그러나 공연 내용은 너무나 달랐다. 로마인들은 무대에서 배우가 실제 피를 흘려야 열광했다. 어차피 죽을 죄수를 끌고 와 무대에서 죽이는 경우도 비일비재했다.

아테네는 연극무대에서도 그렇지만 무대 밖에서도 직접 사람의 피를 보는 것을 극히 꺼렸다. 반국가 사범으로 몰려 죽임을 당한 소크라테스에게 내린 판결도 자기 집에서 조용히 사약을 먹는 것이었다. 살인자를 처벌할 때도 광장에서 목을 쳐 죽이지 않았다. 웅덩이에 던져 버리거나 나무판에 묶어 놓고 서서히 죽게 했다. 살인에 쓰인 무기, 사람의 피를 흘린 도구도 용납하지 않았다. 피 묻은 칼은 아테네 밖으로 추방했다. 아테네는 비극을 사랑했으되 피를 꺼린 도시였다.

윤혜준, "피를 보지 않더라도 삶은 충분히 비극적이다", 『7개 코드로 읽는 유럽 도시』, 아날로그, 2020.

생각해 볼 문제

1. 이 글에서 주요 글감인 '디오니소스 극장'을 통해 글쓴이가 말하고 있는 바가 무엇인지 마인드맵으로 표현해 봅시다.

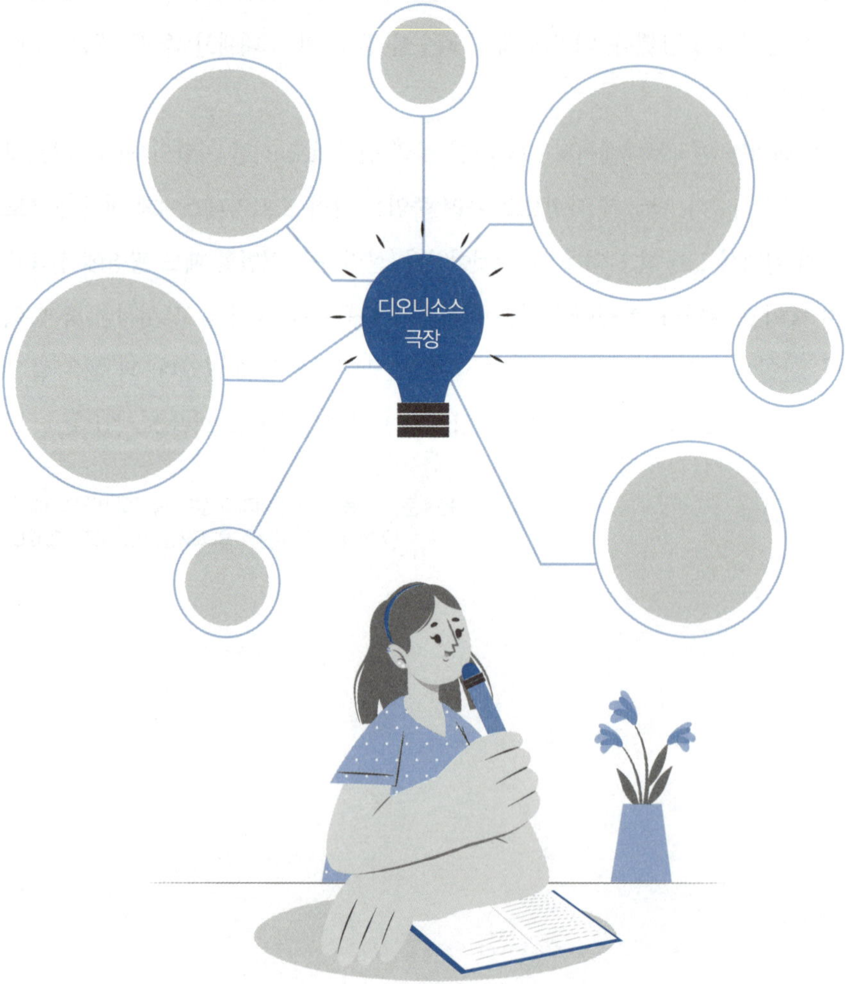

2. 글쓴이는 이 글에서 그리스와 로마의 극장 무대를 비교하며 인간다움의 의미와 예술의 관계를 설명하고 있습니다. 다음 빈칸을 채우고 이 글의 구조가 어떤 특징을 지니고 있는지 생각해 봅시다.

구분	그리스	로마
공포를 표현하는 방식		
피를 바라보는 태도		
글쓴이의 평가		

⬇

이 글의 주제

3. '왕의 법'을 어기고 오빠의 시신을 묻어 준 안티고네는 오늘날까지 윤리적 주체의 대명사로 언급되고 있습니다. 테베의 왕인 크레온의 명령을 거역하고 반역 행위를 한 오빠의 시신을 매장하고 장례를 지내는 선택을 한 안티고네의 행위에 대한 A와 B의 의견 중 여러분은 어떤 의견에 더 가까운가요? 자신의 생각을 정리해 보고 함께 이야기해 봅시다.

> • A: 인간이 만든 법은 공동체의 구성원이 지켜야 하는 약속이다. 왕의 명령을 거역한 행위는 잘못된 것이다.
> • B: 양심에 따라 인간이라면 마땅히 실천해야 하는 도리를 선택한 안티고네의 행위는 정의로운 것이다.

나의 생각	
근거	

4. 오늘날 예술은 우리 삶에서 어떤 역할을 하고 있나요? 다음 [조건]을 참고하여 '삶의 비극을 표현하는 예술'을 주제로 한 편의 글을 써 봅시다.

[조건]
- 삶의 비극을 담은 작품을 한 편 골라 소개하기
- 비극이 무엇인지를 말해 주는 영화나 예술 작품을 예로 들어 설명하기
- 그리스 시대의 비극과 현대의 막장 드라마를 비교하여 설명하기

2. 취미인간 오타쿠를 위한 변명

어떤 사람을 처음 만났다. 어떤 사람인지 궁금하다. 궁금증을 풀겠다고 사춘기 소녀는 뜬금없이 혈액형을 물어보기도 한다. 다짜고짜 출신 지역을 묻는 구태의연한 사람도 있다. 과학적 근거라고는 조금도 없는 혈액형 유형론을 믿고 있는 사춘기 소녀도 아니고, 지역감정이라는 편견에 사로잡히지도 않은 지극히 상식적인 사람이라면 궁금증을 풀기 위해 직업부터 물어볼 것이다. 직업을 알게 되면 그 사람의 됨됨이를 짐작할 수 있는 많은 정보가 딸려 온다. 눈썰미가 있는 사람이라면 즐겨 입는 옷과 말투에서 낯선 사람의 직업을 짐작할 수 있을 정도로, 직업에 따라 사람들의 취향 체계인 아비투스는 달라진다. 초등학교 여교사는 직업군인과는 전혀 다른 말투를 사용한다. 보험 세일즈맨과 자영업자가 직업상의 이유로 쇼핑센터에서 구매하는 옷의 스타일은 전혀 다를 것이다. 하지만 한 사람의 특징을 파악하려 할 때 직업이 항상 충분하게 만족스러운 정보는 아니다. 직업을 통해 우리는 한 사람의 외면만을 알 수 있기 때문이다.

사람들의 내면은 직업상의 이유로 걸친 유니폼 속에 숨어 있다. 특정 직업에 종사하는 사람이 직업을 수행할 때 보여 주는 특징은 개인 고유의 개성이 아니라 직업상의 업무가 개인에게 요구하는 기능적 속성에 가깝다. 비행기 승무원은 결코 온화한 모습을 잃지 않고 모든 승객을 친절하게 대한다. 직업이 비행기 승무원이라면 단정한 옷매무새, 곱게 빗어 뒤로 넘긴 머리, 높지도 낮지도 않은 목소리로 승객이 여성이든 남성이든 노인이든 어린아이든 동일하게 취급해야 한다. 하지만 우리가 승무원으로부터 받은 인상은 그 직업을 위해 효과적으로 관리된 것에 불과하다. 승무원이 유니폼을 입고 우리에게 보여 주는 모습은 그 사람의 내면과는 전혀 관계없다. 우리 모두는 직업이 요구하는 기능이라는 포장지를 입고 있다. 사람들 각자의 내밀한 세계는 포장지 속에 감춰져 있다. 직업이라는 포장지를 벗기면 우리는 직업이 요구하는 연출된 자아와 달리, 진정한 개인의 특성이 반영되는 활동과 만난다. 취미는 본래 직업상의 활동이 아닌 인간의 활동이다. 여행 가이드에게 여행은 직업상의 업무이기에 취미가 아니지만, 은행원에게 여행은 직업과 관계없는 취미일 수 있다. 취미는 직업의 의무에서 벗어난 자유로운 활동이기에, 직업적 노동과 달리 몰입과 열광을 만들어 낸다. 몰입과 열광 속에는 그 사람의 내밀한 세계로 들어가는 입구가 있다.

취미가 개인의 내면으로 들어가는 실마리가 될 수 있는 사례를 로렌스 스턴은 소설 『트리스트럼 샌디』에서 우리에게 소개한다. 『트리스트럼 샌디』는 1759년에서 1767년 사이에 출간되었지만, 제임스 조이스의 『율리시스』와의 연관성이 언급될 정도로 현대적인 형식을 지녔다. 형식 못지않게 등장인물의 성격 또한 현대적이다. 여러 인물 중 토비 삼촌이 단연 돋보인다. 스턴은 토비 삼촌의 내면을 재현하기 위해, 그의 취미를 묘사한다.

토비 삼촌은 스페인 계승전쟁에 참가했다가 나무르 성 포위 전투에서 부상을 당해 돌아온 이후 대부분의 시간을 침대와 방에서 보낸다. 토비 삼촌은 자신이 참가했던 전투가 벌어진 성의 설계도를 구해, 실제의 성을 축소 모형으로 재현하고 모의 전투를 하는 취미에 전적으로 매달린다. 토비 삼촌과 그의 부하 트림 상병은 "평면도를 구해, (어느 도시가 되었든) 잔디 볼링장과 똑같은 크기의 비율로 확대시켜, 땅에 작은 말뚝을 박아 모퉁이와 철각보를 빠짐없이 표시하고, 큰 노끈 뭉치를 이용하여, 종이에 있는 선을 땅 위에 그대로 옮겼으며, 보루를 포함한 그곳의 측면도를 떠서, 해자의 깊이와 경사, ㅡ성벽의 경사면, 사격용 발판, 흉벽 등의 정확한 높이를 측정하여" 성의 모형을 완성하는 데 몰입했다.

그는 "아침부터 저녁까지" 성의 축소 모형을 만들고 그 위에서 실제의 전투를 재현하는 취미에 빠져드는데, 주변 사람들은 이런 행동을 대체 이해할 수 없다. "ㅡ '아니 저 두 사람이 도대체 뭘 하고 있는 거야?' 하고 아버지가 소리쳤습니다. 제 생각에는요 하고 어머니가 말했습니다. 두 사람은 참호를 파고 있는 것 같은데요. ㅡ위드먼 부인의 땅에다 말인가! 아버지는 한 발 뒤로 물러서며 소리쳤습니다.— 그럴 리가 있겠습니까 하고 어머니가 말했습니다. 제발 좀 하고 아버지가 큰 소리로 외쳤습니다. 그 빌어먹을 놈의 축성법을, 거지발싸개 같은 대포와 지뢰, 방어물, 보람, 둔덕, 해자와 함께 모두 내다 버렸으면 좋겠구먼."

토비 삼촌의 내면을 모르는 사람은 그의 집착을 이해할 수 없다. 하지만 토비 삼촌이 전투에서 큰 부상을 당해 남자로서의 기능 상실을 위협받고 있다는 비밀을 알게 되면, 모형 만들기에 몰두하는 그를 충분히 이해할 수 있다. 토비 삼촌이 열광하고 몰입하는 취미의 비밀은 내면에 숨겨져 있다. 그의 외부로 드러난 '취미'는 내면의 비밀로 들어가는 입구인 셈이다.

취미가 있어야 한다고 누구도 강요하지 않는다. 경제적 생존을 위해 직업은 필수적이지만, 취미는 교양의 표시일 뿐 없어도 먹고사는 데 지장은 없다. 취미는 직업 이외의 행동이자 동시에 내면에 숨겨진 특별한 기호(taste)에 의해 만들어진다. 취미의 탄생 조건은 개인의 취향이다. 특별한 취향이 없는 사람은 취미가 없을 수도 있다. 취향은 개인적인 기호이다. 흰색을 좋아할 수도 있고, 검은색에 집착하는 사람도 있다. 개인의 기호에 옳고 그름의 문제는 개입될 수 없다. 기호에는 앞서거나, 뒤서거나도 없다. 그래서 "개인의 기호에 대해 논쟁하지 말라"는 서양 격언이 만들어졌을 것이다.

개인의 선택인 취향에 대해 왈가왈부하는 것 자체가 입 아픈 쓸데없는 참견이다. 하지만 현실에선 뒤집어진 격언이 사실에 가깝다. 개인의 취향에 대해 세상의 참견은 끝을 모른다. 누군가 자동차를 새로 구입했다고 하자. 차종의 선택은 전적으로 그 사람의 자유이다. 붉은색 자동차를 골랐다면, 그 사람에게는 분명한 이유가 있었을 것이다. 하지만 참견과 관심을 구별 못하는 사람들이 넘쳐 나는 사회에선 타인이 선택한 자동차의 색조차 논쟁의 대상이 된다. 취향은 개인의 개성이 발휘되는 영역인 한 본래 수평적이다. 하지만 개성이 중요하다고 하면서도, 다른 한편으로는 개성의 영역인 취향에 대한 참견이 끊이지 않는 이중적인 사회는 수평적인 취향을 수직적으로 바꾸어 놓는다. 기호의 문제인 취향이 옳고 그룹의 문제로 바뀌어 승자와 패자로 나뉘는 취향 전쟁은 이렇게 시작된다.

취향이 사소한 기호의 차이가 아니라 계급적 지위를 담는 그릇이 되면 상황은 달라진다. 어떤 취향은 개인의 기호가 아니라 그 사람의 경제적 살림살이를 나타내는 표식이 된다. 주말에 골프채를 들고 '필드'로 간다는 것은 운동을 좋아한다는 기호가 아니라 '돈 좀 벌었다'는 상징이다. 공부 좀 했다는 사람은 기회가 있을 때 뮤지컬보다 오페라를 좋아함을 타인들에게 드러내야 한다. 심지어 광고 음악으로도 쓰이는 에릭 사티의 〈세 개의 짐노페디〉를 언급하는 사람보다는 슈토크하우젠의 〈컨덕트〉를 좋아하는 사람이 교양 있어 보인다. 취향의 전쟁터에선 개인들의 기호가 경쟁하지 않는다. 겉으로는 취향 전쟁처럼 보이지만, 그 전쟁에서 실제로 싸우고 있는 것은 전쟁 참여자들의 경제적 지위와 학벌이다.

취향 전쟁에서 승리하려면 영악해야 한다. 자신의 내면을 성찰하고, 내면으로부터 취향을 발굴하고, 발굴된 취향을 취미로 승화시키기에는 세상은 너무나 빨리 움직인다. 트렌디한 취향을 구입하면 취향 전쟁에서 쉽게 승리할 수 있다. 그래서 취향 전쟁에서 무조건 이기고 싶은 사람은 자신의 내면에 대한 성찰보다 백화점 구경이 더 급하다. 백화점은 판매를 목적으로 잘 고안된 취향의 전시장이다. 백화점에 들러 대세인 취향을 확인하고, 그 취향을 구입해서 자신의 취미로 포장하는 데 성공한 사람은 취향 전쟁에서 쉽게 승리할 수 있다. 단 취향을 구매했다는 사실은 꽁꽁 숨겨야 한다. 그 취향이 돈 주고 구매한 것이 아니라 오랜 기간 동안 시간과 정성을 투자해 자신이 가꾼 내면의 흔적인 듯 연출해야 한다. 혹시라도 취향 구매 여부가 들통 난다면, 취향 전쟁의 승리자가 속물로 전락하는 건 시간문제이기 때문이다.

취미가 개인의 내면과의 관계로부터 이탈된 구매의 대상이 되면, 취향을 구매할 능력만 있는 사람이라면 누구나 취미를 가질 수 있다. 취향이 판매되는 이상, 취미가 있다는 사실은 더 이상 특권적 표식이 되지 않는다. 마지막으로 남은 차별점은 누구의 취미가 더 세련되었는가의 경쟁에서 판가름 난다. 커피가 더 이상

모던보이, 모던걸의 취향 음료가 아니라 촌부까지도 커피 믹스를 마시는 지경에 이르렀다면, 콜드드립 커피라는 승부수를 던져야 한다. 구매된 취향이 서로 차별을 위해 경쟁하는 사회에서, 취미는 인간의 내면으로부터 점점 멀어진다. 이러한 취미는 계급의 표식이 된다. 부르디외의 『구별짓기』는 계급의 표식이 된 취향에 대한 보고서이다.

부동산 벼락부자는 자신의 초라한 과거를 감추고 성공을 과시하기 위한 표식으로 골프를 취미로 고른다. 졸부가 아님을 드러낼 수 있는 표식이 필요한 사람을 위해 PB은행은 인문학 강의를 무료로 제공하고, 취향의 차별화에 대한 갈망이 강해지면 대학의 인문학은 외면받아도 CEO를 위한 인문학 강의는 유행하는 역설도 벌어진다. 그래서 논리적으로는 유행될 리 없는 취향조차도 유행의 소용돌이에 빨려들면, 어떤 취미는 우후죽순처럼 자라고 어떤 취미는 신기루처럼 사라지기도 한다. 예전에 사모님의 취미는 자수와 꽃꽂이였지만, 현대의 사모님들은 모두 미술에 조예가 깊으시다. 1970년대에 취미로 테니스를 치셨던 사장님들이 골프로 취미 갈아타기를 하시자, 전국 방방곡곡에 골프장이 들어섰다.

취미가 내면이 풍성한 교양인의 표식이라고 믿었던 그 옛날, 미팅에 나온 모든 남녀의 취미는 한결같이 '고전음악 감상'과 '독서'였다. 취향을 구매하고 취미조차 유행하는 우리 시대 성인들의 취미는 '골프', '등산', '자전거 타기' 중 하나이다. 취미가 토비 삼촌의 내면의 비밀로 들어가는 입구였던 것처럼, 사회학자는 사람들의 내면이 궁금해 취향과 취미를 연구했지만 도대체 연구가 끝나 가도록 자신이 연구한 그 사람의 속을 알 수 없다. 취미와 내면이 완벽하게 탈구된 사회에서는 비록 사교성은 부족하나 내면이 완벽하게 취미로 드러나는 직설법의 삶을 사는 오타쿠가 그리워지는 법이다.

성인이 되면 누구나 돈을 벌어야 한다. 경제활동은 최소한의 조건이다. 최소한의 조건은 중요하지만, 인간은 최소한의 조건이 충족된다고 만족하지는 않는다. 먹고사는 문제는 중요하지만, 인간은 그 이상을 원한다. 취미가 긍정적으로 평가될 수 있는 순간은 자발적인 활동일 때이다. 노동이 생존의 필연성이라는 외부적 조건 때문에 강제된 행위라면, 취미에는 강제성이 끼어들 틈이 없다. 세상에 강제노동이라는 단어는 있어도 강제 취미는 없다. 취미는 순전히 자발적 행동인 놀이여야 한다.

강제에 의해 억지로 해야 하는 행위를 하며 신바람이 나는 사람은 없다. 그래서 누구나 억지로 하는 일은 하는 시늉만 내지, 자신이 하는 활동에 대한 애착도 긍지도 몰입도 없다. 하지만 자신이 원해서 행하는 일을 할 때 사람은 돌변한다. 억지로 해야 하는 일을 할 때 동작이 굼떴던 사람도 빠르게 움직일 수 있으며, 의자에 오래 앉아 있지 못하던 사람도 하룻밤쯤은 거뜬히 지새울 수 있다. 그 에너지의 원천은 바로 자발성이다.

본래 취미는 귀족의 놀음이다. 취미를 가질 수 있는 사람은 특권세력이어야만 가능했다. 그래서 취미는 귀족적 활동의 대표적인 사례이다. 하지만 우리가 살고 있는 시대의 취미인간은 전혀 다른 모습으로 나타난다. 19세기의 취미인간이 댄디나 보헤미안의 이미지였다면, 디지털 시대의 취미인간은 때로는 긱스(Geeks)나 오타쿠로 또는 폐인의 모습으로 나타난다. 귀족적 풍모를 지닌 취미인간만을 알고 있는 사람들은 이들이 디지털 시대의 취미인간임을 알아채지 못하지만, 21세기의 취미인간이 20세기의 취미인간과 동일한 외양을 지니기를 기대한다면 그건 어리석다. 시대가 바뀌면 취미인간의 모습도 달라지기 마련이다.

19세기의 취미인간인 보헤미안이 출현했을 때, '보헤미안'이란 말에는 긍정적 뉘앙스보다는 부정적인 뉘앙스가 강했다. 보헤미안이 현재의 낭만적 의미를 획득하기 위해선 시간이 필요했다. 21세기의 취미인간 역시 마찬가지 상황이다. 긱스나 오타쿠나 폐인과 같은 용어들은 부정적인 뉘앙스가 훨씬 더 강하다. 사회적 부적응자를 의미하는 뉘앙스가 매우 강했던 긱스와 오타쿠 등이 긍정적 뉘앙스를 획득하기 시작한 것은 몇몇 인물 덕택이다. 스티브 잡스도 젊은 시절에는 긱스에 불과했다. 히키코모리(은둔형 외톨이)와 같은 부정적 뉘앙스를 풍기던 오타쿠가 부정적 이미지를 벗어던지게 된 것도, 일본의 망가와 애니메이션의 저력에는 오타쿠라는 디지털 놀이집단이 있음을 인정하게 되면서부터이다.

　물론 성질 급한 사람은 스티브 잡스로 변신한 긱스를, 미야자키 하야오 같은 오타쿠를 원한다. 그리고 분류한다. 스티브 잡스나 미야자키 하야오가 아닌 폐인은 사회적 부적응자에 불과하다고. 그런데 중요한 사실은 위키피디아(Wikipedia)가 만들어지기 위해선, 마크 주커버그가 페이스북(Facebook)으로 대성공을 거두기 위해선, 고추장이 익는 시간이 필요하듯 간섭하지 않고 놀 수 있는 시간이 필요했다는 점이다. 물론 기다려 준다고 놀이하는 모든 사람들이 스티브 잡스가 되지는 않는다. 하지만 기다릴 줄 모른다면 미래의 스티브 잡스는 기대하지 않는 게 낫다.

노명우, 『세상물정의 사회학』, 사계절, 2016.

생각해 볼 문제

1. 이 글의 핵심 내용을 한 단락으로 요약해 봅시다.

2. 여러분의 취미는 무엇인가요? 각자 자신의 취미가 무엇인지 이야기해 보고, 글쓴이가 예로 들고 있는 19세기 취미인간 보헤미안과 21세기의 취미인간 오타쿠를 바라보는 시선에 대해 생각해 봅시다.

나의 취미	
나의 취미로 알 수 있는 나의 내면	
19세기 취미인간 보헤미안을 바라보는 시선	
21세기 취미인간 오타쿠를 바라보는 시선	

3. 다음 글을 읽고 취미에 대해 생각해 봅시다.

> 프랑스의 사회학자 피에르 부르디외는 인간의 취향이나 습관인 아비투스(Habitus)가 특정한 환경에 의해 형성되었고 복잡한 교육체계를 통해서 이루어지는 무의식적 사회화의 산물이라고 설명하였다. 그래서 부르디외에 따르면 아비투스는 사회적 계급에 의해 결정되며 문화적 자본과 연결된다. 다른 사람들과 구별되고 싶은 인간의 '구별짓기' 욕망이 자신의 취향을 결정하고, 그러한 취향은 순전히 개인적인 취향에서 비롯되는 것이 아니라 그 사람이 속해 있는 사회적 구조에 의해 결정된다고 본 것이다.

3-1. 현대인들의 취미를 계급적 상황과 사회적 환경의 산물로 봤을 때 그 취미에 담긴 의미가 무엇인지 생각해 봅시다.

3-2. 테크놀로지가 발전하고 다양성이 존중받고 있는 현대사회의 특성을 고려했을 때 부르디외의 이론으로 해석하기 어려운 취미가 있는지 생각해 봅시다.

4. 현대인의 라이프 스타일을 소재로 한 편의 글을 써 봅시다. 취미에 대한 자신의 관점이 반영될 수 있도록 글을 작성해 봅시다.

소재	
주제	
제목	

CHAPTER 5
고전과 삶의 지혜

1. 인(仁)과 사람답게 살기

공자, 사람답게 살아야 할 이유를 말하다

　공자가 말하는 사람답게 사는 것도 우리가 지금까지 이야기해 온 것과 그다지 다르지 않다. 공자가 살았던 시대에도 오늘날처럼 사람 같지 않은 사람이 있었고 그들은 다른 사람들의 이맛살을 찌푸리게 만들었다. 그런 사람들 중에서 공자는 특히 두 부류에 대해 경계의 눈초리를 늦추지 않았다. 하나는 주위 사람이야 어찌 되건 상관하지 않고 돈벌이를 가장 우선으로 치는 사람들이었다. 다른 하나는 부모 덕에 사회 지도자가 된 인물 중에 그 자리에 전혀 어울리지 않는 사람들이었다.

　두 부류가 일으키는 문제를 조금 들여다보자. 먼저 돈벌이를 밝히는 부류이다. 공자 시대는 오늘날처럼 국가가 개인의 복지에 신경 쓰지 않았고 가족도 이

전처럼 개개인의 삶을 보장하지 못했다. 개인은 어디에서도 보호받지 못하는 만큼 가족과 자신의 생계를 위해서 치열하게 노력할 수밖에 없었다. 하지만 당시는 오늘날의 법 제도처럼 다른 사람을 해치지 않는 범위 안에서 자유로운 경쟁을 관리하는 사회 제도가 없던 시대였다.

생산력이 낮아 한 사회가 만들어 낼 수 있는 재화도 정해져 있었다. 이런 상황에서 누군가 평소보다 더 많은 것을 가지려 들면 결국 이미 누군가가 가지고 있는 것을 가로채는 길밖에 없었다. 세상에 어느 누가 자신이 가진 것을 아무런 이유 없이 순순히 내놓겠는가? 결국 있는 것을 두고도 뺏고 뺏으려는 음모와 갈등이 생겨나게 된다. 탐욕은 때로 온갖 위험을 무릅쓰고 보물을 찾게 만들고 듣도 보도 못한 새로운 사치품을 만들게 할 수 있다. 이것은 결코 건전하지 않지만 경제를 움직이는 동력이 되기도 한다. 하지만 공자 시대의 탐욕은 나의 행복을 위해서 남의 얼굴에 피눈물을 흐르게 하는 고통을 주었다.

이제 두 번째 부류에 대해 살펴보자. 오늘날 우리 사회에도 지역과 중앙에서 활약하는 정치 지도자들이 각종 이권에 개입하여 뒷돈을 챙기는 일이 흔해 이젠 뉴스거리도 되지 못할 정도이다. 경제계의 유력 인사도 간혹 돈의 힘만 믿고서 자식들 싸움에 끼어들어 폭력을 행사하거나 맷값을 쳐주며 약자들을 때리거나 인권을 짓밟는다. 공자 시대에도 자신이 잘하는 것도 없으면서 부모 덕에 귀족 신분을 물려받은 사람들이 있었다. 특히 자격 없는 지도자가 제후나 천자의 자리에 앉게 되면 그 자리에 있는 내내 사람들에게 세금을 더 내라고 들볶거나 심지어 개인적 기분에 따라 중요 정책을 결정해서 사람들을 불안에 떨게 만들었다.

이처럼 제 앞가림도 못하는 사람들이 브레이크가 고장 난 차를 몰 듯 아무런 제지를 받지 않고 사회 속으로 들어와 숱한 문젯거리를 만들어 냈다. 이들이 일으킨 문제는 개인에게만 해당되지 않고 수많은 사람을 절망의 소용돌이로 몰고 갔다. 예컨대 능묘와 별장 등 불필요한 대규모 토목 공사를 일으켜 국가 재정을 파탄내고 빈민 구제나 수리 시설 등 정작 필요한 일에는 손대지 못하게 만들었다.

이처럼 공자 시대에는 개인적으로나 사회적으로 절제되지도 준비되지도 않은 사람들로 인해 고통과 불안이 생기는 일을 막아야 했다. 그래서 공자는 "사람이라면 최소한 이것이라도 하자!"라는 절박한 생각에서 사람답게 사는 일을 생각하기 시작했던 것이다.

공자의 인은 곧 사랑이다

우리는 '인(仁)'의 사전적 의미를 '어질다'라는 뜻으로 해석한다. 사전에서는 '어진 마음'에 대해 너그럽고 착하며 슬기롭고 덕행이 높다고 풀이하고 있다. 오히려 '인'이라는 한 글자보다 더 어려워진 느낌이다. 그냥 '인'을 '사람다울 인'으로 생각하면 어떨까? 사전의 말이 어려우면 사전을 그대로 따를 것이 아니라 더 잘 이해되는 말로 바꾸어서 이해해도 좋겠다.

공자는 이 '인'을 '사람답게 사는 것'과 연결하여 설명했다. '인'에 대한 그의 다양한 설명을 따라가다 보면 뜻밖에도 우리가 쉽게 이해할 수 있는 내용이 많다. 실례를 들어 보자. 「안연」에서 공자는 "인이 무엇이냐?"라는 질문을 받고서 '애인(愛人)'이라는 단 두 글자로 답한다. 오늘날 중국에서 '愛人'을 '아이런'이라 읽으면 '아내', '사랑하는 사람'이라는 뜻이 된다. 그런데 공자의 말에서 애인은 그런 뜻이 아니라 '사람을 사랑한다'는 뜻이다. 어찌 보면 새로울 것이 전혀 없지만 사람다움이 먼 곳에 있지 않고 아주 가까이에 있음을 알려 준다.

가까이는 자기 자신이나 가족 그리고 주위 사람을, 멀게는 고향 사람이나 지구촌 사람을 사랑하지 않는 사람을 사람답다고 할 수 있을까? 우리가 자신의 아이를 제대로 돌보지 않는 사람을 두고 나무라는 까닭은 아이를 사랑하지 않는 것이 사람답지 않다고 생각하기 때문이다. 아파서 길에 쓰러져 있거나 남의 도움이 절실히 필요한 사람을 모른 체하는 행위에도 우리는 같은 시선을 보낸다. 혼자서 일어날 수도 없고 스스로를 돌볼 수도 없는 사람을 나의 작은 힘으로 살릴 수 있다면 무엇이라도 하는 것이 사람답다고 할 수 있다.

공자도 말만 그렇게 한 것이 아니라 실제로 그렇게 행동했다. 예컨대 공자의 집 마구간에 불이 난 적이 있었다. 공자는 집으로 돌아와서 그 소식을 듣고서 사람이 다치지 않았는지 먼저 물었다. 당시나 지금이나 말은 신분을 상징하기도 했지만 돈으로 치면 꽤나 값비싼 재산이었다. 공자는 재산보다도 사람을 먼저 걱정했던 것이다. 또 한 예로 공자의 제자 중에 간혹 다른 나라로 사신으로 떠나는 경우가 있었다. 이때 공자는 다른 제자를 시켜서 식량을 보내 주었다.

이런 일들은 사실 공자라서 할 수 있는 것이 아니라 우리도 얼마든지 할 수 있다. 가령 우리는 교통사고 현장을 우연히 지나다가 부상자를 보면 응급조치를 취하고 구조를 요청한다. 그것이 사람으로서 기본이고 또 바로 사랑이다.

우리 주위에는 아직도 하루의 끼니를 걱정하는 사람들이 있고, 아파도 병원비 걱정에 병원을 찾지 못하는 사람이 많다. 개인적으로나 국가적으로 모든 문제를 해결할 수는 없다. 하지만 우리 입에 따뜻한 밥이 들어가는 것이 좋듯이 사람이 기본적으로 먹고살 수 있고 아프면 두려움 없이 치료받을 수 있는 제도를 만들어야겠다. 그것이 사람이 적절하게 보호받으면서 편안하게 살아갈 수 있는 길이기도 하거니와 바로 사랑이기도 하다.

이처럼 사랑은 '나'와 '너'가 차가운 이해관계 앞에서 한 치의 손해도 보지 않고 한 푼의 이익을 거두기 위해서 날카롭게 쇳소리를 내면서 살지 않도록 한다. 오히려 사랑은 사람을 소유한 것과 하는 일로 구분하지 않고 모두 같은 존재로 여기면서 좋은 것을 함께 좋아하고 공분해야 할 것을 공분하게 해 준다.

이렇게 보면 사랑은 직업과 나이 그리고 성별을 떠나서 누구나 함께할 수 있는 것이다. 바로 그렇기에 사랑을 한다면 그것이 인이고 사람다운 것이며, 또 그것이 바로 사람답게 사는 것이기도 하다. 사랑이 더 커지고 더 넓어진다면 세계에는 그만큼 평화의 공간이 늘어날 것이다. 공자가 오늘날 한국에 산다면, 그도 대지진의 고통을 당한 일본 사람들을 위로하고 도움의 손길을 보냈으리라.

생활인과 지구인의 만남, 사람답게 살기와 나답게 살기

사람답게 사는 일은 결코 풀기 어려운 숙제가 아니다. 하지만 숙제라면 쉽고 어렵고를 떠나서 자꾸 뒤로 미루게 된다. 특히 우리나라처럼 공동체주의가 강한 곳에서는 더더욱 사람답게 살기를 뒤로 미루고 싶은 숙제처럼 느낀다.

우리는 알게 모르게 개인보다는 가족을, 가족보다는 국가를 더 우선시해야 한다는 생각을 갖고 있다. 아마도 교육의 영향이 클 것이다. 그러다 보니 언제까지 나보다는 가족과 공동체, 그리고 국가를 위해서 희생하며 살아야 하는가, 라며 볼멘소리를 할 수 있다. 이런 심리에는 개인의 문제는 개인이 해결해야지 타인이나 국가가 나서서 될 일이 아니라는 생각이 도사리고 있다. 이런 사람에게는 나답게 살기가 중요하지 사람답게 살기가 그다지 급하지 않을 수 있다.

사실 따지고 보면 나답게 살기와 사람답게 살기가 부딪치는 경우도 있지만 꼭 그렇게 쨍그랑 소리를 내는 것만은 아니다. 강요나 분위기에 못 이겨서 '내'가 나보다 다른 것을 우선적으로 돌보게 한다면 분명 문제가 된다. 하지만 '내'가 자유롭게 선택해서 개인주의를 유지하면서도 다른 사람을 위해 뭔가를 할 수도 있다. 이 경우 나답게 살기가 사람답게 살기와 모순되지 않고 서로 잘 어울릴 수 있다.

공자도 일찍이 "도가 있다고 사람이 저절로 큰 사람으로 거듭나지 않는다. 사람이 도를 실천하면서 자신 안에 갇히지 않고 드넓은 세계로 나아가게 할 수 있다"라고 말했다. 여기서 도를 사람답게 살기로 바꿔서 생각해 볼 수 있다. 우리는 이제 사람답게 살아야 한다는 타인의 요구에 떠밀리지 말고 스스로 정말 좋아서 사람답게 사는 세상을 가꾸도록 해야겠다. 그렇게 된다면 '나'는 먹고사는 것을 걱정하는 생활인이면서도 그런 이해에서 조금 벗어나서 생각하는 지구인이 될 것이다. 생활인과 지구인이 '나' 안에서 잘 어울리는 것이 바로 공자 시대나 현대에서 사람답게 살아가는 길이 될 것이다.

신정근, 『신정근 교수의 동양고전이 뭐길래?』, 동아시아, 2012.

생각해 볼 문제

1. 이 글에서 공자의 인(仁) 사상이 가장 잘 나타난 부분은 어디인지 찾아보고, 그 이유를 이야기해 봅시다.

2. 공자가 말한 사랑의 정의와 사람답게 사는 기준은 무엇인지 말해 봅시다.

사랑의 정의	
사람답게 사는 기준	

3. 다음의 글을 읽어 보고, 타인의 평가나 비난에 대해 대처하는 방법을 생각해 봅시다.

평판을 대하는 자세

우리가 무엇으로 인해 기뻐하고 근심하는지를 곰곰이 생각해 보면 남들의 평판 때문인 경우가 많다. 특히 각종 미디어의 발달로 인해서 개인의 사적 영역까지 불특정 다수에게 노출되기 쉽게 된 오늘날, 평판은 사람을 쉽게 띄우기도 하고 급전직하로 내몰기도 한다. 평판을 관리하는 전략이 아무리 발전된다고 해도 남들의 마음을 나의 기대에 맞게 끌어오기는 어렵다. 오죽하면 공자가 『논어』의 첫머리에서 군자의 조건으로 내세운 것이 '남이 알아주지 않더라도 서운해하지 않음'이겠는가.

남들이 나를 인정해 준다고 기뻐할 것 없고, 인정해 주지 않는다고 해서 근심할 것도 없다. 평판에 초탈해서가 아니다. 자신에 대해 그 사람들이 어떤 사람인지 모르기 때문이다. 기쁨과 근심의 기준은 평가의 내용이 아니라 그 평가를 하는 사람이 그럴 자격이 있는지에 달려 있다. 그래서 사람을 좋아하고 미워할 자격은 인자(仁者)에게만 주어진다고 하는 것이다.

좋은 사람에게 좋은 평을 받는다면 그야말로 기쁜 일이지만, 나머지 경우들이 문제다. 분명히 좋은 사람인데 그가 나를 인정해 주지 않는다면 자신의 부족함을 돌아봄이 마땅하다. 하지만 기대에 못 미치는 평판을 받고도 상대를 인정하기란 쉽지 않다.

반면 좋지 않은 사람이 나를 좋지 않게 평하는 경우에는 개의치 않아도 될 뿐 아니라 오히려 기쁜 일이다. 아무에게도 욕을 듣지 않으면서 바름을 추구하는 것은 불가능하기 때문이다. 다만 정정당당함과 자기 합리화 사이의 긴장은 스스로 감당할 몫이다.

가장 경계해야 할 것은 좋지 않은 사람들이 나를 좋게 평하는 경우다. 좋은 평판 앞에서 한없이 무너져 내리기 쉬운 것이 사람이기 때문이다.

남이 나를 훌륭하다고 평한다고 해서 내가 훌륭해지는 것이 아니고, 남이 나를 형편없다고 평한다고 해서 내가 형편없어지는 것은 아니다. 너무도 당연한 말이지만 우리는 이것을 잊고 살 때가 많다. 평판으로 인해 일희일비하지 말고 자신을 돌아볼 계기로 삼아야 한다는 식상한 말 역시 막상 실천하기는 쉽지 않다. 평판은 외부에서 주어지지만, 결국 문제의 원인과 해결은 자신에게 있는 것이다.

사랑과 미움의 잠언

유비자(有非子)가 무시옹(無是翁)을 찾아가 말했다.

"근래에 몇몇이 모여 인물을 평하였는데, 어떤 이는 그대를 사람이라 하고 어떤 이는 그대가 사람이 아니라고 하더군요. 그대는 어찌하여 어떤 이에게는 사람대접을 받고, 어떤 이에게는 사람대접을 받지 못하는 것입니까?"

무시옹이 이 말을 듣고 다음과 같이 해명했다.

"남들이 나를 사람이라 해도 나는 기쁘지 않고 남들이 나를 사람이 아니라 해도 나는 근심스럽지 않습니다. 차라리 사람다운 이가 나를 사람이라 하고, 사람답지 않은 이가 나를 사람이 아니라고 하는 것이 더 낫겠습니다. 나는 나를 사람이라 하는 이가 어떤 사람이며, 나를 사람이 아니라 하는 이가 어떤 사람인지 모릅니다. 사람다운 이가 나를 사람이라 하면 나는 기뻐할 것이요, 사람답지 않은 이가 나를 사람이 아니라 하면 나는 또한 기뻐할 것입니다. 사람다운 이가 나를 사람이 아니라 하면 나는 근심할 것이요, 사람답지 않은 이가 나를 사람이라 하면 나는 또한 근심할 것입니다.

기쁨과 근심은, 나를 사람이라 하고 나를 사람이 아니라 하는 그 사람이 사람다운 사람인지 사람다운 사람이 아닌지를 살핀 뒤에야 가능할 뿐입니다. 그래서 공자께서 '오직 인자라야 사람을 좋아할 수 있고 사람을 미워할 수 있다'라고 하신 것입니다. 나를 사람이라 하는 이가 인자입니까? 나를 사람이 아니라 하는 이가 인자입니까?"

유비자가 웃으면서 물러갔다. 무시옹이 이것으로 다음과 같은 잠(箴)을 지어 자신을 경계했다.

자도의 아름다운 용모야

누군들 아름답게 여기지 않겠는가

역아의 맛있는 음식이야

누군들 맛있다 하지 않겠는가

좋아함과 미워함이 엇갈린다면

자기 자신을 돌아보지 않고 어찌하랴

이달충, "애오잠병서(愛惡箴幷序)"

송혁기, 『고전의 시선』, 와이즈베리, 2018.

4. 흔히 '인인인인인(人人人人人)'을 "사람이면 다 사람이냐. 사람이 사람다워야지 사람이지."라고 말합니다. 그렇다면 자신이 생각하는 사람다운 사람의 기준이 무엇인지 한 편의 글로 써 봅시다.

2. 좋아하는 일로 성공할 수 있나요?

좋아하는 일만 하고 살 순 없어!

"좋아하는 일만 하고 살 순 없어!"

이름만 대면 알 만한 직장을 그만두고 글쟁이가 되기로 했을 때 수도 없이 들었던 이야기다. "왜 그 좋은 직장을 그만두느냐?"라는 질문에 "글 쓰는 것이 좋아서"라고 답했기 때문이었다. 그렇다. 세상 사람들은 "좋아하는 일만 하며 살 수는 없다"라고 말한다. 이 말은 좋아하는 일만 해서는 '성공'할 수 없다는 의미다. 우리가 흔히 쓰는 '성공'이란 말은 많은 의미를 담고 있다.

누군가에게는 큰돈과 명예가 성공이지만, 누군가에게는 평범한 가정을 꾸리는 것이 성공이다. 심지어 어떤 이에게는 생존을 위한 밥벌이가 성공일 수 있다. 결국 성공은 '내가 바라는 어떤 삶의 모습에 도달하는 것'이다. 이제 알겠다. 왜 사람들이 좋아하는 일만 해서는 성공할 수 없다고 말하는지. 그건 좋아하는 일로 자신이 바라는 삶의 모습에 도달할 수 없다고 믿기 때문이다. 그렇게 좋아하는 일은 부정의 대상이 된다.

그런데 정말일까? 좋아하는 일로는 성공할 수 없는 것일까? 좋아하는 일, 그러니까 결이 맞는 사람을 만나는 일 혹은 즐겁고 유쾌한 일로는 각자가 바라는 어떤 삶의 모습에 도달할 수 없는 것일까? 세상 사람들의 이야기처럼, 불편한 사람들과 만나고, 싫은 일을 꾸역꾸역 참고 견뎌야 큰돈이나 명예 혹은 단란한 가정, 하다못해 최소한의 밥벌이라도 할 수 있는 걸까? 아니면 타협하기 좋아하는 사람들의 이야기처럼, 좋아하는 일을 하기 위해서 싫어하는 일을 해야만 하는 것일까?

감정과 욕망의 철학자, 스피노자

"좋아하는 일을 억누르고, 싫어하는 일을 참고 견디는 것으로 '성공'에 도달할 수 있을까?" 이 질문의 답을 스피노자(Baruch de Spinoza)에게 구해 보자. 스피노자는 '신은 곧 자연'이라는 '범신론'을 주장했고, 동시에 정신과 육체는 합일적이라는 '일원론(심신평행론)'을 주장한 철학자다. 데카르트가 이성과 정신의 중요성을 주장했다면, 스피노자는 일찍이 감정과 욕망의 중요성을 이야기했다. 스피노자의 이야기를 직접 들어 보자.

> 욕망이란, 인간의 본질이 주어진 정서에 따라 어떤 것을 행할 수 있도록 결정된다고 파악되는 한에서 인간의 본질 자체이다. 『에티카』

스피노자는 욕망을 부정하기는커녕 욕망이 '인간의 본질 자체'라고 이야기한다. 그런 스피노자이기에 "좋아하는(욕망하는) 일로 성공할 수 있을까?"라는 질문에 이렇게 답할 것 같다. "가능하다. 그러니 감정과 욕망이 끌리는 데로 가라." 스피노자의 이야기는 낯설다. 낯설 뿐만 아니라 무책임하게 들린다. 우리네 삶을 돌아보자.

학창 시절에 하기 싫은 공부를 억지로 해야 했고, 성인이 되어서는 먹고살기 위해 하기 싫은 일을 억지로 하고 있다. 그런 우리에게 스피노자의 이야기가 낯설고, 무책임하게 들리는 것은 당연하다. 성공하지는 못했더라도 그나마 지금의 삶을 꾸릴 수 있었던 이유가 좋아하는 일들을 억누르고 싫어하는 일들을 참았던 덕분이라고 믿고 있으니까. 감정과 욕망을 억압하며 살고 있는 우리에게 스피노자의 이야기는 여전히 낯설기에 그의 이야기에 조금 더 귀를 기울여 보자.

스피노자의 '코나투스'

스피노자는 '코나투스'라는 개념으로 자신의 철학을 설명한다. '코나투스'는 무엇일까? 스피노자의 『에티카』를 잠시 들여다보자. "사물이 자신의 존재를 끈질기게 지속하려는 노력(코나투스)은 그 사물의 현실적 본질 이외에 아무것도 아니다." 코나투스는 일종의 '관성'이다. 서 있는 물체는 계속 서 있으려고 하고, 움직이는 물체는 계속 움직이려고 하는 관성. 이런 관성처럼 모든 사물은 '자신의 존재를 끈질기게 지속하려는 노력'을 하는데, 이것이 '코나투스'다.

스피노자는 이 코나투스가 바로 어떤 물체의 본질이라고 말한다. 중요한 것은 코나투스가 물체에만 있는 것이 아니라는 사실이다. 인간에게도 코나투스가 있다. 그렇다면 인간의 코나투스는 무엇일까? 다시 『에티카』로 돌아가자.

> 이 노력(코나투스)이 정신에만 관계되어 있을 때는 의지라고 불리지만, 그것이 정신과 신체에 동시에 관계되어 있을 때는 충동이라고 불린다. 그러므로 충동은 인간의 본질 자체일 뿐이며, 그것의 본성으로부터 필연적으로 인간의 보존에 기여하는 것들이 나온다. 따라서 인간은 그러한 것들을 행하도록 결정되어 있다. 『에티카』

코나투스는 인간의 정신에서는 '의지'로 드러나고, 정신과 육체를 모두 포함하는 온전한 인간에게는 '충동'으로 드러난다고 말한다. '충동'이라는 단어가 낯설다면 '욕구'로 이해하면 된다. 어려운 이야기가 아니다. 배가 고프고 목이 마를 때를 생각해 보자. 그때 우리는 자신의 존재를 지속하고 보존하기 위해 음식과 물에 대한 '의지'와 이를 섭취하려는 '충동(욕구)'을 갖게 된다. 여기서 스피노자는 '의지'와 '충동'을 구분한다.

물과 음식에 대한 '의지'는 머릿속에만 있는 것으로 정의하고, 물과 음식에 대한 '충동'은 몸까지 움직이는 것으로 정의한다. 공부하려는 '의지'만으로는 몸을 책상 앞으로 끌고 갈 수는 없지만, 공부하려는 '충동'이 들면 몸이 이미 책상 앞에 가 있는 것으로 설명할 수 있다. 생각해 보면 우리가 삶을 이어 나갈 수 있는 이유가 바로 코나투스 때문이다.

코나투스(의지, 충동)가 있기 때문에 우리는 자신을 보존할 수 있는 것 아닌가. 코나투스가 있기에 지속적으로 물과 음식을 섭취해서 삶을 이어 나갈 수 있다.

만약 우리에게 코나투스가 사라진다면, 즉 물과 음식을 섭취할 최소한의 의지와 충동조차 사라진다면 삶을 이어 나갈 수 없지 않은가. 스피노자에 따르면, 자살은 코나투스가 사라진, 그래서 극심하게 무기력한 상태의 결과라고 말할 수 있다. "그것(코나투스)의 본성으로부터 필연적으로 인간의 보존에 기여하는 것들이 나온다"라는 말은 그런 의미다.

정신과 육체는 서로 영향을 주고받는다

여기서 놓쳐서는 안 되는 것이 스피노자가 일원론자라는 사실이다. 그는 정신과 육체가 합일적이며, 그래서 정신과 육체는 서로 영향을 주고받는 관계라고 말했다. 정신적 상태는 육체가 어떤 상태에 있느냐에 따라 영향을 받고, 반대로 육체적 상태는 정신이 어떤 상태인지에 따라 영향을 받는다는 것이다. 실제로 그렇지 않은가. 정신적 의지가 강할 때 육체적 문제도 이겨 내고, 반대로 육체적으로 건강할 때는 정신적인 부분도 건강하다. 육체적으로 건강한 사람은 우울증에 걸리지 않으며, 우울증에 걸리면 육체까지 문제가 생기기 마련이다.

목이 마를 때(육체적 상태)는 물을 원하는 의지와 충동만 있다. 하지만 물을 마시고 나면 어떤가? 그때는 밥이나 책, 영화 같은 또 다른 것들을 욕망하는 의지와 충동이 생긴다. 이렇듯 육체적 상태의 변화에 따라 새로운 의지와 충동이 생기기 마련이다. 육체는 정신에 영향을 미치고 정신은 다시 육체에 영향을 미치기 때문이다. 마찬가지로 육체가 어떤 환경에 놓이느냐에 따라 정신적인 면도 달라진다. 공장에서 10년을 일한 사람과 유치원에서 10년을 일한 사람의 정신적인 면이 같을 리가 없다. 즉, 코나투스는 우리의 존재를 유지하고 보존하기 위해 육체와 정신을 합일시키려는 노력이라고 말할 수 있다.

어떻게 성공할 수 있을까?

이제 다시 우리의 질문으로 돌아가자. 우리는 어떻게 '성공'할 수 있을까? 문제는 그 '성공'이 큰돈이든, 명예든, 가정이든, 밥벌이든 쉽지 않다는 사실이다. '내가 바라는 어떤 삶의 모습에 도달하는 것'은 그 누구에게도 쉽지 않기에 그것을 '성공'이라고 부르는 것일 테다. 그 쉽지 않은 '성공'을 가능케 하는 확실한 성공 방정식이 있다. 바로 '자신의 존재를 끈질기게 지속하려는 노력'을 멈추지 않는 것. 즉, 성공은 '코나투스'에 달려 있다.

정말이다. 큰돈을 벌고 싶어 하는 이가 있다고 하자. '(부자가 되려는) 자신의 존재를 끈질기게 지속하려는 노력'이 있다면 부자가 될 수 있다. 대부분이 그 성공(부자)에도 도달하지 못하는 이유는 분명하다. 고되고 치사스러운 돈벌이 앞에서 '(부자가 되려는) 자신의 존재를 끈질기게 지속하려는 노력'을 포기하는 까닭이다. 다른 '성공'도 마찬가지다. 자신의 존재를 유지하고 보존하려는 노력, 즉 코나투스가 없다면 그 '성공'은 애초에 요원하다. 자신이 바라는 어떤 모습에 도달하기 위해서는 코나투스가 가장 중요하다.

성공이 코나투스에 달려 있다면 의문이 생긴다. 스피노자의 말처럼, 모든 존재는 코나투스를 가지고 있지 않은가? 그런데 왜 어떤 이는 성공에 이르고, 또 어떤 이는 성공에 이르지 못하는 걸까? 그것은 코나투스가 고정되어 불변하는 것이 아니기 때문이다. 스피노자가 말하는 코나투스는 타자와의 우발적인 마주침으로 인해 증가하거나 혹은 감소하는 역동적인 힘이다.

기쁨을 주는 타자는 코나투스를 증진한다

이제 성공의 비밀이 보이는가? 그것은 '코나투스의 증대'에 달려 있다. '어떤 경우라도 포기하지 않고 자신을 유지하고 보존하려는 힘을 늘리는 것'이 성공의 관건이다. 이제 우리가 던질 질문은 분명하다. 어떻게 코나투스를 증대시킬 수 있을까? 그건 '코나투스를 증대시킬 타자를 만나는 일'에 달려 있다. 그 마지막 퍼즐을 맞추기 위해 다시 『에티카』를 펼쳐 보자.

우리는 정신이 갖가지 커다란 변화를 받아서 때로는 보다 큰 완전성으로, 때로는 보다 작은 완전성으로 이해할 수 있다는 것을 안다. 이러한 수동들은 우리에게 기쁨과 슬픔의 감정을 잘 설명해 준다. 그러므로 나는 이하에서 '기쁨'을 '정신이 보다 큰 완전성으로 이해하는 수동'으로 이해할 것이며, '슬픔'을 '정신이 보다 작은 완전성으로 이행하는 수동'으로 이해할 것이다. '정신과 신체에 동시에 관계되어 있는 기쁨의 감정'을 나는 쾌감 또는 유쾌라고 부르고, '그러한 슬픔의 감정'을 고통 또는 우울이라고 부른다.
『에티카』

스피노자는 타자와 마주쳤을 때 인간 내면에 발생하는 변화를 두 가지 원초적 감정으로 나눈다. '기쁨'과 '슬픔'. 인간에게 많은 감정이 있지만, 타자와의 마주침에 의해 발생하는 감정은 근본적으로 '기쁨'과 '슬픔'이라는 두 가지 감정으로 규정한다. 사랑·환희·희망·신뢰·즐거움·유쾌함 같은 긍정적인 감정은 '기쁨'으로, 미움·복수심·수치·공포·절망·우울 같은 부정적 감정은 '슬픔'으로 규정한다. 스피노자에 따르면, 코나투스는 '기쁨'의 감정이 발생했을 때 증진하고, '슬픔'의 감정이 발생했을 때 감소한다.

이건 굳이 스피노자의 이야기가 아니어도 이미 알고 있다. 희망·즐거움·유쾌함을 불러일으키는 일을 할 때, 사랑·신뢰·환희를 주는 사람을 만날 때 삶의 의지(코나투스)가 증진하지 않았던가. 반대로 수치·절망·우울함을 불러일으키는 일을 할 때, 미움·복수심·공포감을 주는 사람을 만날 때 삶의 의지(코나투스)가 감소하는 경험을 다들 한 번쯤 해 보았을 테다. 이처럼, 코나투스는 일상적 삶에 깊숙이 관여하고 있다.

성공은 '코나투스'에 달려 있다

어떻게 성공할 수 있느냐고? 즐거움, 경쾌함, 유쾌함 같은 기쁨을 주는 타자와 만나면 된다. 그 타자가 사람이든, 일이든 상관없이, 기쁨을 주는 타자와 마주칠 때 성공할 수 있다. 기쁨이라는 감정은 언제나 코나투스를 증진하기 때문이다. 돈을 벌고 싶은가? 명예를 얻고 싶은가? 좋아하는 사람들과 좋아하는 일을 하면 가능하다. 열심히 살았지만 우리가 원한 만큼의 성공에 도달하지 못했다면 우리의 코나투스를 되돌아볼 일이다.

여전히 많은 이들이 성공을 오해하고 있다. 성공하고 싶다면 불쾌하고 고통스럽고 우울한 일을 견뎌 내고, 동시에 즐겁고 유쾌하고 경쾌한 일들을 포기해야 한다고 믿고 있지 않은가. 현재의 더 많은 슬픔과 더 적은 기쁨이 성공을 담보한다고 믿는 이들이 얼마나 많은가. 하지만 실은 그 반대다. 더 많은 슬픔과 더 적은 기쁨은 코나투스를 소진시키고, 우리가 원했던 성공에서도 점점 멀어지게 한다. 그것은 필연적으로 '자신의 존재를 끈질기게 지속하려는 노력'을 약화시키기 때문이다.

돈과 명예를 좇으면 오히려 그런 것들로부터 더 멀어진다는 말은 사실이다. 돈과 명예와 같은 세속적 가치를 좇으면 필연적으로 코나투스가 줄어들 수밖에 없다. 생각해 보라. 돈과 명예를 좇는 사이에 만나게 되는 타자들이 어떤 타자들인지를. 분명 더 많은 슬픔과 더 적은 기쁨을 주는 타자다. 자신이 좋아하는 일을 하며 사는 사람에게 자연스럽게 돈과 명예가 찾아오는 경우도 마찬가지다. 자신이 좋아하는 일을 하며 사는 사람은 필연적으로 코나투스가 증진되는 삶일 수밖에 없지 않은가. 그런 삶을 사는 이들이 마주치게 되는 타자는 더 적은 슬픔과 더 많은 기쁨을 주니까.

스피노자에 따르면, 삶의 주체가 코나투스를 증가시키는 쪽으로 행동하고 실천하는 것은 당연하다. 쉽게 말해 인간은 자연스럽게 기쁨을 느끼는 쪽으로 행동하고 실천하게 된다는 말이다. 하지만 현실은 다르다. 우리 삶에는 코나투스를 떨어뜨리는 타자들로 넘쳐난다. 꼴도 보기 싫은 인간들과 손도 대기 싫은 일들이 얼마나 많던가. 그러니 우리는 기쁨을 주는 타자를 악착같이 찾아나서야 한다. 동시에 슬픔을 주는 타자들로부터 멀어지기 위해 애써야 한다.

"성공하기 위해서는 좋아하는 일을 해야 한다!"라는 말은 결코 세상 물정 모르는 순진한 이야기가 아니다. 좋아하는 사람을 만나고, 좋아하는 일을 할 때 기쁨이 솟아오르고, 그 기쁨이 코나투스를 증대시키니까. 코나투스가 충만한 삶을 살 때, 우리가 그토록 바라는 성공에 조금 더 가까워질 수 있을 테다. 이것이 성공에 관한 삶의 진실이다.

코나투스는 '진정한 성공'을 드러낸다
이쯤에서 또 하나의 삶의 진실을 말하자. 성공을 위해 코나투스를 증대하고 싶다. 그것이 우리의 정직한 속내다. 속내야 어떻든 많은 이들이 코나투스를 증진시키는 삶을 살았으면 좋겠다. 그런 삶을 살게 되면 '성공' 자체가 새롭게 보인다. 흔히 말하는 성공은 돈이나 명예, 출세와 같은 것들이다. 이런 세속적 성공은 코나투스를 증진하는 삶을 살게 되면 결과적으로, 자연스럽게 따라온다. 하지만 코나투스를 증진하는 삶은 그보다 더 중요한 삶의 변화를 만들어 낸다.

기쁨을 주는 사람을 만나고, 기쁨을 주는 일을 하는 삶은 이제껏 보이지 않던 삶의 진실을 드러낸다. 성공을 위해 코나투스가 필요한 것이 아니라, 코나투스를 증진하는 삶 자체가 이미 성공이라는 삶의 진실 말이다. 성공을 해서 행복한 것이 아니라 기쁨을 주는 타자와 마주치는 삶은 행복하기에 이미 성공한 것이다. 코나투스를 증진하며 사는 사람은 안다. 우리가 지금 느끼고 있는 기쁨이라는 감정 자체가 이미 성공임을. 이것이 코나투스가 알려 주는 또 다른 삶의 진실이라고 나는 믿는다. 그래서 나는 매일 기쁨을 줄 타자와의 마주침을 찾아 나선다.

황진규, 『한입 매일 철학』, 지식너머, 2018.

생각해 볼 문제

1. 이 글에서 말하는 '코나투스'의 의미가 무엇인지 다 같이 이야기해 봅시다.

2. 스피노자가 말하는 자유와 욕망의 관계를 사랑과 연관해서 설명해 봅시다.

3. 스피노자가 말하는 본성과 맹자의 성선설을 비교해서 생각해 봅시다.

> 사람들은 모두 사람을 차마 해치지 못하는 마음을 가지고 있다
>
> 미국 남북전쟁 직후의 일이다. 미국으로 건너간 중국 산동성 출신 농부 딩룽(丁龍)은 성격이 포악한 미국인 주인집에서 막일로 생계를 꾸렸다. 포악한 주인 때문에 그 집 하인들은 하루도 편할 날이 없었다. 잦은 폭행을 견디지 못한 하인들은 주인 몰래 도망치기도 하였다. 딩룽도 그 가운데 한 사람이었다. 어느 날 주인집에 불이 났다. 평소 주변의 인심을 잃은 주인집엔 달려와서 도와주는 손길이 아무도 없었다. 불난 집을 바라보며 오히려 잘됐다는 눈빛이었다. 그런데 어디선가 도망갔던 딩룽이 나타나 혼신을 다해 불을 끄기 시작했다. 이를 본 주인이 이상하게 여기며 물었다.
>
> "너는 내가 싫어서 도망친 놈이 아니냐? 내 집에 불난 것이 좋지 않느냐? 그런데 왜 와서 위험을 무릅쓰고 불을 끄느냐?"
>
> 딩룽이 대답했다.
>
> "아무리 원수지간이라도 상대가 곤궁에 처하면 그걸 구하는 것이 사람의 도리다. 불난 데 부채질하는 것은 사람의 도리가 아니다. 위난(危難)을 당한 것을 보면 길 가는 사람이라도 달려가 돕는 것이 아름다운 풍속이다."
>
> 주인은 혹 딩룽이 종교를 갖고 있지 않을까 생각했다. 하지만 딩룽은 어떠한 종교도 갖고 있지 않았다. 종교는 없더라도 그가 공부를 많이 한 식자일 것이라 생각했다. 하지만 딩룽은 일자무식이었다. 일자무식일지라도 집안만은 학자 집안일 것이라 생각했다. 하지만 딩룽은 대대로 농사만 짓던 농사꾼 집안 태생이었다. 딩룽의 행위는 분명 희생적인 종교인, 아니면 도덕적 훈련을 받은 학자, 아니면 그런 전통을 지닌 학자 집안의 후손이었기에 그랬을 것이라고 주인은 판단했던 것이다. 그러나 딩룽은 종교인, 학자, 명문가 집안 어디에도 속하지 않았다. 그

렇다면 그런 희생정신은 어디서 나온 것일까? 딩롱의 대답은 간단했다.

"그것은 배워서 아는 것도 아니요, 무엇을 믿어서 그렇게 하는 것도 아니다. 그저 사람은 그렇게 하는 것이 도리라고 느껴서 할 뿐이다. 나의 아버지와 할아버지 그리고 모든 사람이 그렇게 생각하고 있다. 그것이 뭐가 이상한가?"

딩롱은 『맹자』를 읽지 않았어도 곤경에 처한 이를 보면 누구나 측은한 마음씨가 있다는 맹자 사상을 실천한 것이다. 그것은 또 어떤 대가나 명예를 바라고 행한 공리적 행위가 아닌, 순수하게 우러난 양심에 입각한 행위였다. 공리적 인간이 아닌 도덕적 인간상을 보여 준 것이다. 이 말에 감동한 주인은 자기 재산을 전부 팔아 컬럼비아 대학에 기증하였다. 대학은 그것을 기리며 '딩롱 강좌'를 설치하고 동양사상을 연구하게 했다. 평범한 농부 한 사람의 도덕적 행위가 부자 주인의 마음을 움직였고, 교육받지 못한 농부 한 사람의 도덕적 실천이 동양사상의 위대성을 일깨운 것이다.

"사람들은 모두 사람을 차마 해치지 못하는 마음을 가지고 있다(人皆有不忍人之心)"는 『맹자』의 내용은 측은(惻隱), 수오(羞惡), 사양(辭讓), 시비(是非)의 마음을 설명하는 대전제이자, 인간 본성의 선함을 증명하는 중요한 단서이다. 딩롱의 행위는 『맹자』를 읽지 않았어도 맹자 성선설의 전형적인 본보기를 보여 준 좋은 사례가 아닐까 생각해 본다.

유교문화연구소, 『유학의 문장을 읽는다』, 사람의무늬, 2014.

스피노자의 본성	
맹자의 성선설	

4. '내 삶의 기준'을 주제로 한 편의 글을 써 봅시다.

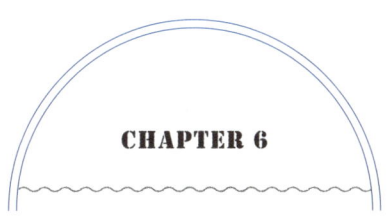

과학기술과 미래

1. 인공지능과 공정한 판결

초당 10억 장 판례 읽는 로봇 변호사

법률가는 자격을 취득하기 위한 문턱이 높고 고도의 전문성이 요구되는 대표 전문직이지만, 로봇의 무풍지대는 아니다. 미국 뉴욕에 위치한 100년 넘는 전통의 법률회사인 '베이커 앤드 호스테틀러'는 2016년 IBM의 왓슨을 모태로 한 인공지능 법무보조 서비스 '로스(Ross)'를 도입했다. 국내외 언론은 "명문 로펌이 인공지능 변호사를 채용했다"고 보도했다. 로스는 사람의 일상 언어를 알아듣고 법률 문서를 분석한 뒤 질문에 적합한 대답을 하는데, 초당 10억 장의 판례를 검토한다. 변호사 업무의 상당 시간이 수만에서 수십만 장에 이르는 소송기록과 판례를 검토하는 데 투입되는 걸 고려하면 인공지능의 수준은 놀랍다.

인공지능을 활용한 법률 서비스는 빠르게 늘고 있다. 부동산 권리 분석, 법률과 판례 분석, 간단한 법률서류 작성은 이미 인공지능의 몫이다. 부동산 권리분석 인공지능 프로그램 '로빈'은 아파트, 오피스텔 매물의 주소와 거래 유형, 금액을 입력하면 부동산 권리분석 보고서를 바로 만들어 제공한다. 공인중개사들에게 서비스되고 있는데, 인공지능 스스로 위험성 정도를 판단해 해당 부동산 최종평가 점수를 안전 / 안전장치 필요 / 위험 / 위험 현실화 등 네 등급으로 나눠 표시한다. 한국의 첫 '인공지능 변호사'로 불리는 '유렉스(U-LEX)'는 2018년 법무법인 대륙아주에 '취직'했다. 변호사와 법률 비서 여러 명이 며칠씩, 길게는 몇 달 걸려 작업하던 법률 판례 검색 업무를 20~30초 안에 해치운다.

유렉스를 설계한 인텔리콘이 개발한 '로보(Law Bo)'는 청탁금지법에 맞춤한 인공지능 법률 서비스다. 어떤 행위가 부정청탁에 해당하는지 여부를 질문하면 적절한 답변을 준다. 값비싼 법률자문을 대체하는 자연어 기반 인공지능 법률 서비스로, 공정거래·개인정보 등으로 영역을 확장할 예정이다.

인공지능 기반 '지급명령 헬프미' 서비스는 법원에 제출할 지급명령 신청서를 자동 작성해 준다. 지급명령은 채권자가 법원에 채권 신청서를 제출하면 법원이 검토한 뒤 채무자에게 돈을 지급하라고 명령하는 제도다. 이용자가 사이트에서 얼마를 빌려줬나 / 언제 빌려줬나 / 언제 돌려받기로 했나 등의 질문에 답하면 지급명령 신청서가 자동으로 만들어진다. 헬프미는 인공지능을 활용해 법인등기, 제소 전화해 서비스도 추가했다. 대법원은 개인 회생·파산 신청을 자동화하는 '지능형 개인 회생·파산 시스템'을 구축 중이다. 시스템이 서비스되면 변호사나 법무사 같은 법률대리인의 도움 없이 연말정산 간소화 프로그램처럼 누구나 간단하게 신청할 수 있다.

재범 가능성 판단하는 인공지능 재판관

인공지능은 단순한 법률 보조를 넘어, 사람의 편파적이고 불완전한 판단을 보완하고 대체하는 '편리하고 공정한 판단 도구'가 될 수 있을까? 신호 위반과 과

속 단속을 교통경찰관 대신 CCTV와 차량 블랙박스가 담당하면서 불필요한 시비와 비리 요소가 줄어든 것처럼, 인공지능 로봇은 사람들에게 좀 더 공정한 판단을 제공해 줄까.

'인공지능 판사'도 등장했다. 2016년 영국 유니버시티 칼리지 런던과 셰필드 대학, 미국 펜실베이니아 주립대학 공동 연구진이 개발한 인공지능 재판 프로그램이다. 연구진은 이 '인공지능 판사'가 기존 재판들의 결과를 79퍼센트의 정확도로 예측했다는 연구 결과를 학술지에 발표했다. 인공지능이 유럽인권재판소의 인권 조항과 관련한 판례 584건에 대해 머신러닝 알고리즘을 통해 학습한 결과였다. 대법원이 2016년 10월 개최한 심포지엄에 참석한 미국 앨런인공지능연구소장 등은 "인공지능이 고도로 발달하면 결국 판사의 일을 대신하는 인공지능의 등장을 막을 수 없다"고 예상했다. 미국연방순회항소법원장을 지낸 랜들 레이더 조지워싱턴 대학 로스쿨 교수는 2017년 방한해 "인공지능이 5년 안에 판사는 물론 법조계 대다수의 일자리를 대체할 것"이라고 전망하기도 했다.

미국 형사재판에선 이미 인공지능의 판단이 판결에서 결정적 역할을 하고 있다. 노스포인트가 개발한 인공지능 알고리즘 '컴퍼스(Compas)'로, 폭력 범죄자의 재범 가능성을 분석해 준다.

2013년 2월 미국 위스콘신주의 에릭 루미스는 총격 사건에 쓰인 차량을 몰고 가다 경찰 검문에 불응하고 도주한 혐의로 기소돼 6년형을 선고받았다. 중형 선고의 근거는 재범 가능성을 판단하는 인공지능 알고리즘 컴퍼스의 데이터였다. 루미스의 변호인은 "검사가 인공지능 알고리즘인 컴퍼스를 활용했다"며 "컴퍼스의 알고리즘을 확인하거나 이의를 제기할 수 없으므로 부당한 판결"이라고 항소했다. 하지만 2017년 위스콘신주의 대법원은 "컴퍼스는 유용한 정보를 제공했다"며 인공지능 알고리즘을 활용한 판결이 타당하다고 판시했다. 재판에서 인공지능의 역할을 공식 인정한 첫 사례다. 컴퍼스는 효율성과 차별 논란 속에서도 미국 여러 주 법원에서 사용되고 있다. 영국에선 사기·부패 관련 문서를 검토하고 분류해 요약하는 인공지능 '레이븐(RAVN)'을 범죄 수사에 활용하고 있다.

  인공지능 판단 시스템은 방대한 정보를 기반으로 뛰어난 분석력과 미래 예측 능력만이 아니라 인간의 오류와 한계를 보완할 것으로 전망됐다. 기계는 사람처럼 피로를 느끼지 않고 부주의와 실수, 차별과 편견이라는 오류와 비효율에 빠지지 않고 정확하고 효과적인 결과를 가져올 것이라는 기대를 받았다. 인간의 판단과 결정을 대신하거나 도와주는 알고리즘은 법률 서비스 침투에 만족하지 못한다. 채용 면접, 대출 심사, 신용도 평가, 연인 소개 등 사회와 개인의 일상 곳곳으로 적용 범위를 넓혀 가고 있다. 출신학교와 성별, 고향 등을 기재하지 못하게 하는 블라인드 채용 지원서나 면접 시 연고자를 심사위원에서 배제하는 까닭은 공정한 판단을 방해하는 사람의 편견 때문이다. "팔은 안으로 굽게 마련"이라는 속담은 공정해야 할 판단의 자리에 인공지능을 초청한다.

구본권, 「로봇 시대 인간의 일」, 어크로스, 2020.

생각해 볼 문제

1. '초당 10억 장 판례 읽는 로봇 변호사'에서 핵심어 세 개를 찾고, 이를 활용하여 독자에게 말하고자 하는 메시지를 한 문장으로 요약해 봅시다.

2. '재범 가능성 판단하는 인공지능 재판관'의 글의 구조를 분석하여 다음 개요표를 작성하고, 나의 생각을 한 문장으로 정리해 봅시다.

글의 구조	단락의 주요 내용	소주제문
서론		
본론		
결론		
나의 생각		

CHAPTER 6 과학기술과 미래

3. 이 글에서는 인공지능 판사를 다음과 같이 전망하고 있습니다. 인공지능 판사(또는 AI를 활용한 재판)의 구체적 사례를 찾아보고, 인공지능 판사의 장단점에 대해 한 단락으로 써 봅시다.

- 미국 앨런인공지능연구소장: 인공지능이 고도로 발달하면 결국 판사의 일을 대신하는 인공지능의 등장을 막을 수 없다.
- 랜들 레이더 미국연방순회항소법원장·로스쿨 교수: 인공지능이 5년 안에 판사는 물론 법조계 대다수의 일자리를 대체할 것이다.

4. 다음 두 가지 사례를 참고하여, [논제]에 대한 자신의 생각을 논리적으로 표현해 봅시다.

사례 1

대법원은 과거 사건의 데이터베이스(DB)를 바탕으로 교통사고의 원고·피고 과실 비율을 산정하는 인공지능 프로그램을 개발했다. 한 사건에서 인공지능은 원·피고 과실 비율이 2 대 8이라고 했다. 판사는 이를 3 대 7로 수정 판결했다.

사례 2

P 씨는 온라인 쇼핑몰에서 산 5만 원짜리 티셔츠에 하자가 있다며 반품을 신청했으나 거절당했다. P 씨는 인공지능 소비자조정 시스템에 온라인으로 조정 신청을 했다. 인공지능은 "4만 원을 돌려주라"고 조정 결정을 했다. P 씨와 온라인 몰 모두 이의가 없어 그대로 확정됐다.

[논제]
- 인공지능 판사는 인간 판사를 대체할 수 있을까?
- 인공지능 판사는 인간 판사보다 공정하게 판결할 수 있을까?

2. 기술의 발전과 예술혁명

모바일 네트워크로 인한 정보 개방, 참여, 공유

사진과 영화의 경우에서 볼 수 있듯이, 기술 발전은 그 기술적 토대에 기초한 새로운 예술형식들을 낳고, 이 새로운 예술 형식들은 그 시대가 요청하는 예술의 새로운 가치를 수행한다. 그렇다고 해서 전통적으로 존재해온 예술형식들이 사라지거나 의미가 없어진다는 이야기는 아니다. 사진과 영화라는 새로운 예술이 등장했지만 회화, 문학 들의 전통 예술은 지금까지 나름의 의미를 가지고 존재하고 있다. 벤야민이 이야기하는 것은 특정한 시대에는 그 시대의 사회적 중요성을 가지는 특정한 예술형식이 존재하며 예술형식의 사회적 중요성은 시대의 변화에 따라 달라진다는 것이다. 벤야민의 주장대로 새로운 기술의 등장이 예술 개념의 전면적인 변화를 가져온다면, 모바일 네트워크가 전 세계를 연결하고 있는 지금 시대에는 어떤 예술이 등장해서 예술 전체의 성격을 어떻게 변화시키고 있는가?

스마트폰으로 대표되는 모바일 네트워크 기술은 20세기 후반부터 발전하고 있는 디지털 혁명을 본격적으로 가속화하고 있다. 디지털 기술의 특성으로 평가되는 '융합'과 '공유'는 모바일 네트워크 기반으로 한 기기들에서 더욱 두드러진다. "디지털 기술은 태생적으로 모든 매체 형식들의 융합을 함축"하는데 이러한 특성은 스마트폰에서 극명하게 나타난다. 스마트폰에서는 카메라, 사진첩, MP3 플레이어, 동영상, 영화, 텔레비전, 컴퓨터, 휴대전화, 계산기, 타자기 등 기존에는 분리되어 있던 여러 매체들의 경계가 무너지면서 하나로 융합된다. 그리고 디지털 기술은 인터넷의 본격화와 더불어 그 위력을 전면적으로 드러내게 되었다. 디지털 기술이 모든 자료들의 호환성을 확보해 주었다면 인터넷 네트워크는 그 가능성을 현실화시켰다. 텍스트, 이미지, 동영상, 사운드 등 모든 자료들은 디지털화되어 인터넷에 업로드되고 네트워크에 의해 공유된다. 모든 정보들은 디지털로 처리되어 데이터의 형태로 가상공간 속에 저장, 보관되기 때문에 접속하기만 하면 누구든 전 세계의 수많은 정보와 자료를 공유할 수 있다. 이제 인터넷 없는 삶은 상상하기 힘들다.

특히 모바일 네트워크 플랫폼이 개방, 참여, 공유를 통해 사용자가 정보의 사용자인 동시에 생산자가 되는 인터넷 통합 환경 플랫폼으로서의 Web 2.0으로 진화하고, 이 Web 2.0의 참여 구조가 네트워크를 더욱 공고히 하면서 모든 매체의 디지털적인 융합은 결국 공유로 귀결된다. 스마트폰이 야기한 Web 2.0 기반의 정보 공유 속도와 용이함은 가히 혁명적이라 할 수 있다. Web 1.0 시기에도 모든 정보들은 인터넷상에서 네트워크되어 이동하고 있었다. 그러나 Web 1.0 시기의 사용자는 정보를 찾으러 다녀야 했다. 하지만 Web 2.0에서는 정보가 사용자를 직접 찾아온다. 사용자와 정보가 맺는 관계의 방향이 바뀐 것이다. 예를 들어, 이전에는 어떤 정보를 이용하려면 그 정보가 있는 사이트를 알아내고, 그 사이트를 방문해야 했다. 하지만 Web 2.0에서는 사용자가 직접 콘텐츠를 생산하여 쌍방향으로 소통하는 네트워크를 중심으로 정보가 공유된다. 정보의 개방, 참여, 공유가 Web 2.0 시대 모바일 네트워크의 가장 중요한 특징이 된 것이다. 그런데 쌍방향적 참여와 공유가 전면적으로 되기 위해서는 사용자-관객이 컴퓨터 스크린 앞에 고정된 채 앉아 있어야 하는 상황에서 해방되어야 한다.

관객의 현실적 운동성과 공유가치

Web 1.0 시기에 인터넷에 접속하여 정보를 얻기 위해서는 컴퓨터 앞에 앉아 있어야 했다. 매체학자 프리드버그는 이러한 상황을 가리켜 스크린 속의 가상적 운동성이 관객의 부동성을 함축한다고 말한다. 그러나 "모바일 네트워크 기술이 전면화된 현재는 모두가 이동하면서도 실시간으로 전 세계와 접속하고 자료를 공유할 수 있는 상황이다. 모든 경계, 지연, 공간적 제약이 사라진다. 모바일 네트워크 기술은 '관객의 현실적 운동성'을 가능하게 하였다." 관객의 현실적 운동

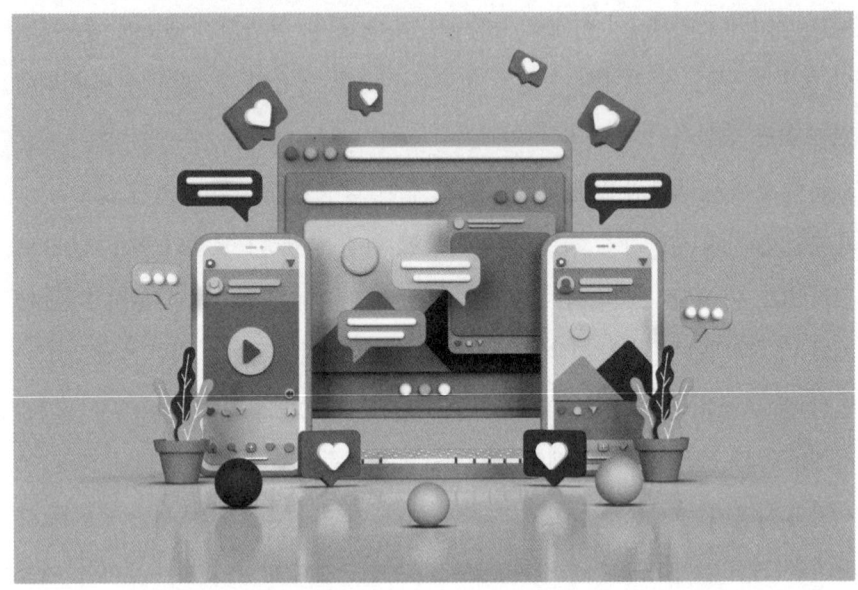

성이야말로 새로운 미디어 환경의 핵심이다.

관객의 운동성은 예술 작품을 수용하는 관객의 태도를 변화시킨다. 버스나 지하철에서 많이 볼 수 있듯이, 관객들은 흔히 이동 중일 때나 일상생활 중 잠깐 짬을 내어 스마트폰으로 동영상을 관람한다. 이러한 관람 방식은 영상 제작과 관련해 실질적인 변화를 불러일으킨다. 영화나 텔레비전 드라마처럼 상영 시간이 긴 영상은 이동하면서 보기 힘들다. 개인차가 있겠지만 대체로 10분이 넘는 동영상은 길게 느껴진다. 그래서 드라마나 오락 프로그램은 5분에서 10분 안팎 길이의 클립들로 나뉘어 업로드되고, 10분 내외의 웹 드라마 같은 것들이 만들어지고 있다. 또한 롱 쇼트로 촬영된 화면은 스마트폰 화면으로는 너무 작아서 제대로 볼 수 없기 때문에 시청률에 예민한 TV드라마들은 클로즈업을 더 많이 사용할 수밖에 없다. 그뿐만 아니라 스마트폰 화면에 적합한 영상은 극장 스크린에 적합한 영상과 다를 수밖에 없고, 화면 크기의 변화는 영상 구성과 카메라 워킹 등에도 변화를 가져온다.

한편, 이러한 영상을 공유하는 SNS는 단순히 홍보 수단에 그치는 것이 아니라 다른 영상들과의 연결접속에 따라 영상의 의미 구성에도 영향력을 행사하게 된다. "동영상 테크놀로지의 역사상 결정적인 기로에서는 언제나 스크린 포맷상의 실험들이 존재해 왔다"는 프리드버그의 진단은 현재의 변화에 대해서도 유효하다. 요컨대 이동성을 갖춘 오늘날의 관객들이 가장 많이 접하는 스크린이 바로 모바일 네트워크 플랫폼을 구현하는 스마트폰의 작은 스크린이라는 사실은 지금 시대의 영상 예술을 이해하는 데 매우 중요하다.

스마트폰으로 가장 많이 접하는 영상들은 아기나 동물의 귀여운 동영상, 게임 동영상, 음식 동영상, 화장 동영상, 스포츠 동영상, 신기하고 웃기는 동영상, 영화 트레일러, 티비 프로그램의 클립들, 팟캐스트 뉴스 등 개인의 관심사에 따라 천차만별이다. 하지만 모든 동영상의 공통점은 SNS를 통해 공유되는 영상이거나 유튜브라는 세계 최대 공유 사이트의 동영상이라는 점이다. 즉, 우리가 보는 대부분의 동영상은 '공유'된 것들이다. 이는 모바일 네트워크가 갖고 있는 공유라는 특징을 잘 보여 준다. 유튜브에는 없는 것이 없다고 할 만큼 공유되는 콘텐츠의 종류와 양이 어마어마하다. 젊은 세대의 거의 대부분은 신문 대신에 SNS와 유튜브를 통해 뉴스를 접한다. TV프로그램도 이른바 '본방 사수'보다는 유튜브로 보거나 P2P로 파일을 다운받아서 본다. 영화를 공부하는 학생들에게 유튜브는 거대한 필름 아카이브이자 영화 학교이고, 게임을 좋아하는 학생들에게 유튜브는 끝을 알 수 없는 게임 동영상들의 바다이다. 유튜브가 젊은 세대들에게 가장 영향력 있는 매체가 된 것이다.

공유 플랫폼의 폭발적인 양적 성장은 많은 양의 콘텐츠가 축적되는 것만을 의미하지는 않는다. 양적 변화는 질적 변화를 야기한다. 예술에 대한 대중의 태도가 바뀌면서 새로운 사회적 가치를 갖는 새로운 예술 형식이 출현한다. 모바일 네트워크를 바탕으로 하는 SNS와 유튜브의 사회적 장악력과 이 서비스를 이용하는 절대 다수의 대중을 고려할 때, 21세기 모바일 네트워크 사회가 새로운 예술에 요구하는 것은 '공유 가치'라고 할 수 있다. 복제 기술이 등장하면서 예술의 가치가 '의식가치'에서 '전시가치'로 바뀌었듯이, 모바일 네트워크 기술이 전면화되면서 21세기 예술의 가치는 '전시가치'에서 '공유가치'로 바뀌어가고 있다고 볼 수 있다.

  이 공유가치를 수행하고 있는 예술형식이 '네트워크-이미지'이다. 앞에서 제시했듯이, 네트워크-이미지란 서로 연결접속되면서 끊임없이 의미를 생산하는 이질적 동영상들의 열린 '배치'다. 여기서 배치란 사용자들이 모바일 네트워크 플랫폼에서 공유를 실행함으로써 끊임없이 변형되고 생성되는 다양체로서의 배치를 가리킨다. 이러한 네트워크-이미지를 보여 주고 있는 것이 방탄현상이다. 방탄 영상들과 그에 연결접속되는 영상들은 사용자들의 생산과 공유라는 구체적인 실천에 의해 의미를 생성하고 확장해 가는 다양체로서의 배치를 보여 주고 있기 때문이다. 이때의 배치란 이질적 동영상들의 단순한 총합이 아니라 질적으로 다른 차원으로서의 융합을 의미한다.

이지영, 「BTS 예술혁명」, 파레시아, 2018.

생각해 볼 문제

1. 이 글에서 새롭게 알게 된 단어를 찾아보고 그 의미를 한 문장으로 정리해 봅시다.

단어	의미

2. 디지털 기술의 특성에 대해 요약해 보고, Web 1.0과 Web 2.0의 특성을 서로 비교해 봅시다.

디지털 기술의 특성:

Web 1.0	Web 2.0

3. 스마트폰으로 웹드라마를 찾아 감상한 후, TV 드라마와의 차이점에 대해 생각해 보고 이를 설명하는 글을 한 단락 써 봅시다.

4. 다음은 BTS '방탄 현상'에 관한 칼럼입니다. 글을 읽은 후, 여러분이 'BTS 인사이트 포럼'에 참여한 학자가 되어 '관객의 현실적 운동성과 공유가치'의 측면에서 방탄현상을 분석하는 글을 한 편 써 봅시다.

'방탄현상'은 위대한 흐름

BTS의 성취를 어떻게 볼 것인가 하는 'BTS 인사이트 포럼'이 열렸다. 학자들은 '방탄 현상'이 유행에 대한 이해를 넘어 최첨단 문화현상을 이해하는 키워드라는 사실을 다양하게 설명했다.

"욕망은 본질적으로 혁명적이다. 혁명적인 것은 욕망이지 축제가 아니다." 프랑스 철학자 질 들뢰즈의 말이다. 영화철학자인 이지영 세종대 교수는 세계적으로 벌어지고 있는 '방탄소년단 현상'(이하 방탄 현상)을 이해하는 데 들뢰즈가 말한 욕망과 혁명의 함수를 헤아릴 필요가 있다고 말한다.

한국 가수 최초로 빌보드 메인 앨범 차트인 '빌보드 200'에 3개 앨범 1위, 빌보드 뮤직어워즈 톱 듀오·그룹 부문과 톱 소셜아티스트 부문 수상, 아메리칸뮤직어워드 페이버릿 소셜아티스트상 수상, 그래미상 노미네이션, 영국 웸블리 스타디움 9만 석 매진, 〈작은 것들을 위한 시〉 조회수 기네스 기록 등재(24시간 동안 7,460만 회) 등 '기록소년단'이라 불리는 방탄소년단의 성취는 일단 수치와 순위로 증명된다.

미국 주류 음악시장에 진출하기 위해 현지화 전략을 쓴 것도 아니다. 한국 보이 그룹이 한국어로 부르는 노래가 빌보드 메인차트를 흔들었다. 이제 주류 미디어도 이들에 대한 찬사를 늘어놓는다. 미국 NBC 방송의 〈투나잇 쇼〉와 ABC 방송의 〈굿모닝 아메리카〉에서 방탄소년단을 소개할 때 'the biggest boy band on the planet(지구상에서 가장 위대한 보이 밴드)'라는 수식어를 사용했다. CBS 〈더 레이트 쇼〉에서는 비틀스의 미국 공연에 빗대어 방탄소년단을 '21세기 비틀스'라고 표현했다.

신형철 교수는 "예술은 한 문화의 양식을 현시하고 명료화하며 재설정한다"라는 하이데거의 예술 존재론을 바탕으로 방탄소년단이 우리 시대 대중문화를 어떻게 현시하고 명료화하며 재설정하는지 우드스톡 록페스티벌과 힙합 뮤지션 에미넴을 비교해 설명했다. 신 교수에 따르면 우드스톡 록페스티벌은 서구 자본주의에 전복적인 태도로 시대정신을 포착했다. 에미넴은 신자유주의 무한경쟁 시대의 자기혐오를 반영하는 것으로 시대정신을 구현했다. 이들과 비교해 보면 방탄소년단도 '져도 된다'는 메시지로 지금 시대에 필요한 목소리를 내 주고 있다는 것이다.

비디오아티스트 고 백남준에 대한 연구의 대가로 꼽히는 진영선 고려대 명예교수는 백남준 작품에서 볼 수 있는 독특한 예술철학 네 가지를 방탄소년단의 뮤직비디오에서도 볼 수 있다고 소개했다. '물리적 흐름 바꾸기' '소통으로서의 예술', '정보 고속도로', '기술에 마음을 부여하기' 등의 공통점이 있다며 방탄소년단을 통해 백남준의 소망이 이루어졌다고 평가했다.

이지영 교수는 질 들뢰즈의 리좀(rhizome) 개념을 가져와 '방탄 현상'을 '리좀적 혁명'이라고 명명했다. 리좀은 중심과 주변이라는 위계질서 없이 끝없이 다른 것들과 연결 접속되어 생성하는 네트워크 구조를 뜻한다. 이 교수는 방탄소년단의 팬덤인 '아미(ARMY)'가 구성되고 움직이고 세상을 바꿔나가는 방식이 이에 해당한다고 주장했다.

이 교수는 또한 방탄소년단과 팬이 교감하며 내적 친밀성을 높이는 방식인 '네트워크 이미지'의 개념을 소개했다. 방탄소년단 뮤직비디오 이미지를 구성하는 소품·배경·의상·행동은 멤버의 말이나 글 그리고 이전 작품 등에 힌트가 있다. 또 모티브가 되는 소설, 영화, 그림이 있다. 이런 내용을 전부 파악해야 전체 의미를 알 수 있다.

방탄소년단 팬은 네 개 층위에서 콘텐츠를 즐긴다. 일단 브이앱에서 멤버들이 올리는 일상생활 동영상을 통해 자연인으로 성장하는 모습을 볼 수 있다. 이런 콘텐츠를 바탕으로 노래 가사 등 메시지가 만들어지는 과정을 접하고 방탄소년단이 행하는 퍼포먼스의 의상, 안무, 소품, 배경 등에 함축된 맥락을 알 수 있다. 그리고 이런 이야기의 원형이 되는 소설, 영화, 그림 등과 연계되어 훨씬 더 방대한 '방탄 유니버스(우주)'를 보게 된다. 이 방대한 우주에서 아미는 프로파일러처럼 숨겨진 의미를 채굴해 낸다. 팬들은 방탄소년단을 완성체로 보고 평가하는 것이 아니라 성장하는 모습을 보며 응원한다. '방탄 유니버스'는 평론가들이 음악, 특히 뮤직비디오에 대해서 쉽게 평하지 못하는 이유다. 은유와 환유의 대상을 모르는 문학평론가가 시를 제대로 평론할 수 없는 것과 마찬가지다.

고재열, 〈시사IN〉, 2019. 10. 2.

CHAPTER 7

공동체와 역사

1. 타자들을 바라보는 시선

이즈음 보게 되는 것, 또 마주치게 되는 것은 왜 슬프게 느껴지는가. 학교를 오가면서, 전철 안에서 아니면 지하도를 나오거나 들어가면서 잠시 스치는 사람들, 이 사람들의 표정이나 차림, 주름과 기미는 왜 내게 슬픈 감정을 자아내는가. 올겨울 날씨는 그리 춥지도 않았는데, 사람의 행색이나 도시의 풍경은 여느 겨울처럼 새삼스러울 게 없는데, 내 마음은 이들 앞에서 왜 저려 오는가? 올해 들어 몇 차례 칼럼을 썼지만, 사실 요즘의 날 채우는 건 슬픔이다.

나는 '슬픔'이나 '절망' 같은 단어를 별로 좋아하지 않는다. 자주 사용하면, 마치 '가격파괴'란 단어처럼 허황되어 보이기 때문이다. 그럼에도 하늘과 땅 사이에서 나는 이즈음 우울하다. 거리와 나무와 사람과 바람, 공허한 말과 행동의 교차가 무수히 일어났다가 사라지고 있다.

이 땅의 사람들은 대개 지쳐 보인다. 토요일 쉬는 이가 없지는 않건만, 허겁지겁 허둥대거나 어깨를 늘어뜨리며 걷거나 고개를 숙인 채 한구석에서 졸고 있다. 깨어 있는 이는 무가지 신문을 읽고 있고(무가지 신문은 무가치하지요?). 못 먹어 핏기가 없거나 너무 먹어 비대하거나 아니면 그 눈빛은 사납다. 계산기인가 게임기인가, 어떤 이는 무엇인가 열심히 두드리고, 그 옆 사람의 휴대전화는 쉴 사이 없이 울린다. 이어지는 인공음 "전화 왔어요." 일렬로 서서 내달리듯 일렬로 앉아 넋을 놓고 있다. 호들러(F. Hodler)의 한 그림처럼, 이들은 '삶에 지친 자들'이다. 왜 이렇게 다들 쫓기듯 살고, 왜 혼을 뺀 채 내달려야 하는가. 아이들은 왜 하루 종일 분주해야 하고, 학생들은 왜 자정 넘긴 시간에도 학원버스에서 내리는가.

거리를 지나다가 '베트남 캄보디아 결혼 주선' 현수막을 보게 될 때, '도와 달라'는 쪽지를 준 노인을 다음 날에도 만날 때, 내 마음은 가라앉는다. 1,000원짜리 김밥 하나 말면 200원 남는다고 들었을 때 떠오른 건 7년 일해 번 돈이 117만 원이었다는 한 가장이었다. 그는 예르킨이라는 우즈베키스탄 사람이다. 여수출입국관리소에서 불타 죽은 아홉 명의 이주노동자 중에 그가 있었다. '사장님'이란 단어는 그들에게 '일만 부려먹고 돈 주지 않는 인간'이라 했다. 왜 우리 사는 땅과 집은 하루가 멀게 값이 치솟고, 자살률은 세계 제일인가. 나는 술에 취해 귀가하는 사람이나 이 땅을 떠나는 이민자들을 이해한다.

낙담케 하는 일이 사방에서 일어나면 자포자기도 번거로워진다. 있어 왔던 일들은 '있어 왔다'는 바로 그 이유로 자연스레 돼 버린다. 그래서 슬퍼할 거리도 못 된다. 구제란 처음부터 인간 세상에 어울릴 수 없는 말인지도 모른다. 슬퍼해야 할 것은 이 모든 비정상적인 것을 정상적인 것으로 착각하는 우리의 무감각일 것이다. 그러니까 슬픔에도 여러 층위가 있는 것이다. 보이는 슬픔과 보이지 않는 슬픔, 현상적 슬픔과 내밀한 슬픔을 나는 떠올린다. 현실의 어떤 사건이 현상적 슬픔이라면, 내 몸이 느끼는 어떤 변화는 내밀한 슬픔이다. 무감각과 타성은 이 내밀한 슬픔을 이룬다. 여기에는 나이 탓도 있을 게다.

불혹이란 마흔 나이를 난 이전부터 두려워했다. 얼마나 굳은 신조를 가져야 미혹되지 않을 것인가? 나는 도저히 자신이 없었다. 그런 불안한 시절을 10여 년 겪는 동안 나 역시 그 대열에 끼게 되었다. 너는 이제 굳건히 살아가고 있는가? 글쎄, 알 수 없는 일이다. 그래서 마흔은 '흔들림 없는 신념의 연령'이 아니라 '온갖 아집에 빠져 요지부동인 연령'이라고 나는 어딘가에 쓴 적이 있다. 좋게 보면 자기 일을 성실히 한다고 하겠지만, 나쁘게 해석하면 달리 어쩔 수가 없는, 기껏해야 해온 것을 할 뿐인 때가 사람 나이 마흔인 것이다. 아이들은 커 가고 있고, 세상은 예나 지금이나 호락호락하지 않다.

누군가를 믿고 따르기도 어렵지만 드물게 믿는 것조차 헛된 것으로 드러나기도 한다. 우리는 얼마나 자주 다른 사람을 실망시키고, 또 이들에게 실망하기도 하는가. 잘못이 쌓이고 쌓이면 용서란 말도 꺼내기가 주저된다. 그럴 즈음 용서받을 것은 지나간 일만큼이나 다가올 일임을 깨닫게 된다. 사람은 제가 알고 믿고 행하는 것에 희생될 뿐이다. 그러나 더 슬픈 것은 이런 회한마저 곧 휘발될 것이라는 점이다. 남은 것은 무엇인가? 여전히 살아 있다는 사실이다. 그리하여 가장 깊은 슬픔은 이 살아있는 생존의 현실이 훼손되는 데 있다.

한탄과 부정(否定)이 옳다고 해도, 그것이 살아있는 기쁨을 북돋우지 못한다면, 그것은 무엇인가? 그것은 투정이 될 수도 있다. 삶의 확연한 진실 하나는, 노래하든 울든, 이렇게 '무어라고 하는 순간에도 내가 소진해 간다'는 사실이다. 일할 때도 우리는 늙어 가고, 쉴 때도 생명은 녹아 간다. 그러니 궁극적으로 소중한 것은 여기 있음—지금 살아있음일 것이다. 삶의 경이를 새롭게 발견하는, 발견하려는 일일 것이다. 힘겨워도 웃을 수 있는 것은 삶 속에서가 아닌가. 우리가 죽음을 향유할 수는 없다. 이 생존의 놀라움에 비하면 슬픔은 사소한 것일 수도 있다.

이 세상의 일과 하루의 저녁과 다시 아침으로 이어지는 나날들. 곳곳에 침묵이 어려 있고, 이 침묵에서 나는 길고 짧은 죽음을 본다. 그림자들은 고개 숙인 채 울고, 생활의 먼지는 진군하는 적들 마냥 이곳으로 덮쳐 온다. 나무와 의자와 하얗게 펼쳐진 종이 그리고 지우개. 지워야 하고 또 기억해야 할 무수한 것들. 우울도 해묵으면 에너지가 된다던가. 곪고 찢어진 마음들이 만나 서로 위로받길 우리는 기대한다. 부질없는 기대는 실망을 낳고, 이 실망은 쌓여 환멸이 된다. 환멸 속에서 모욕은 자산처럼 쌓여 가지만 그래도 명심하자. 무엇보다 먼저 존중되어야 할 것은 자기 자신이라고. 나의 안위로부터 세계의 평화는 발원한다고. 개체의 안녕은 물과 공기처럼, 또 뿌리처럼 근본적이다. 삶의 많은 의미는 아마도 이 뿌리를 타고 올 것이다. 이 거대한 뿌리는 땅 밑으로, 내 속으로 나 있다.

문광훈, "슬픔에 대하여: 왜 쫓기듯, 혼을 뺀 채 내달려야 하는가", 〈경향신문〉, 2017. 3. 9.

생각해 볼 문제

1. 이 글에서 글쓴이가 "이 땅의 사람들"에게서 슬픔을 느끼는 이유가 무엇인지 생각해 봅시다.

2. 글쓴이는 현상적 슬픔과 내밀한 슬픔을 구분하여 설명하고 있습니다. 글쓴이가 말하고 있는 슬픔의 두 양상을 살펴보고 이에 대한 자신의 생각을 말해 봅시다.

현상적 슬픔	내밀한 슬픔
VS	

나의 생각:

_____
_____
_____
_____
_____
_____
_____
_____

3. 스위스의 화가 페르디낭 호들러(Ferdinand Hodler, 1853~1918)의 그림 〈삶에 지친 자들(Tired of Life)〉을 감상해 봅시다.

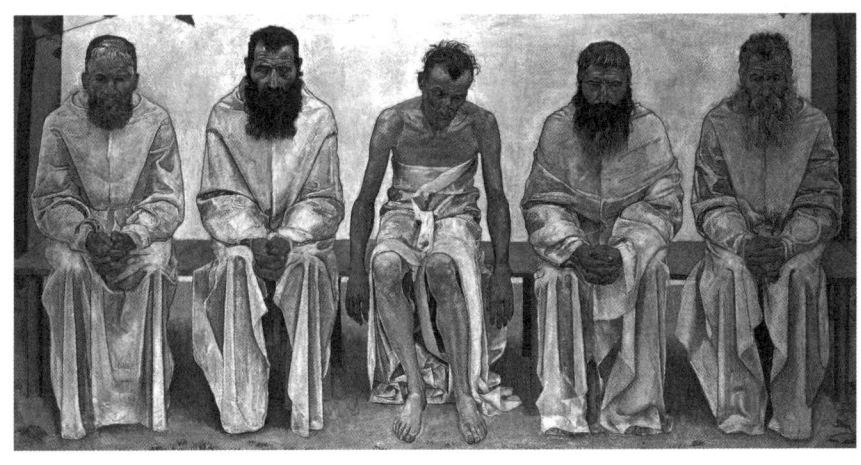

호들러, 〈삶에 지친 자들〉, 1892

3-1. 호들러의 그림 〈삶에 지친 자들〉에 담긴 슬픔의 분위기를 묘사해 봅시다.

3-2. 그림에 담긴 슬픔을 중심으로 삶과 슬픔의 관계에 대해 생각해 봅시다.

4. 여러분의 눈에 비친 사람들의 모습은 어떠한가요? 지금 이 땅에 살고 있는 사람들에 대해 생각해 보고 타인의 모습에서 느껴지는 '슬픔과 삶'을 주제로 한 편의 글을 써 봅시다.

   4-1. 소재 찾기: 여러분의 시선에 포착된 현대인의 모습이 어떠한지 브레인스토밍을 해 봅시다.

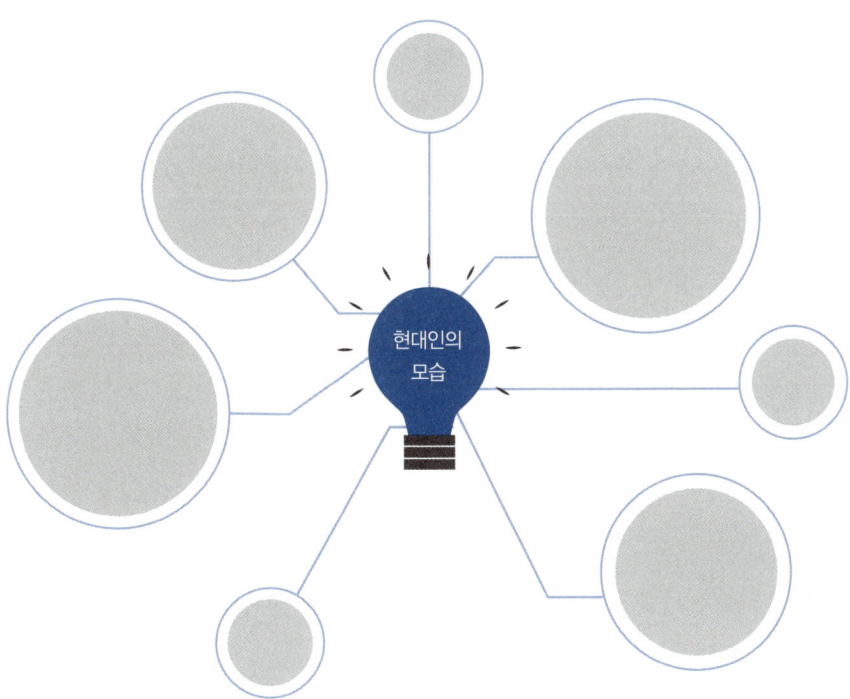

4-2. 개요 짜기: '슬픔과 삶'에 대한 자신의 생각을 어떻게 표현할 수 있을지 생각해 봅시다.

글의 구조	단락의 주요 내용	소주제문
서론		
본론		
결론		
주제		

4-3. 표현하기: 개요를 바탕으로 한 편의 글을 작성해 봅시다.

2. 역사 속 숨은 상처

제2동 20호실

그러나 전쟁은 그렇게도 부풀어 가던 모든 희망을 하루 아침에 송두리째 앗아가 버리고 말았다. 자수를 하고 새 출발을 하려던 내 앞에는 무서운 풍파가 밀려오고 있었다.

나는 6·25가 터지던 그때의 기록을 『장위고개』에 수록하였다. 나는 그때의 그 기록을 다시 더듬어 보기로 한다.

제2동 20호실

길고도 긴 싸이렌이 울어 대고 있었다. 그것은 6·25가 터졌다는 신호였다. 나는 그 무렵 부서진 닭장을 고치고 있었다. 그때 현관에서 인기척이 들렸다. 어떤 사람일까. 어머니는 현관에서 찾아온 사람과 무슨 이야기를 나누고 있었다.

웬 사람일까. 나는 그저 있으려다가 그래도 궁금해서 뒷문 유리창가로 걸어가서 그곳을 바라보았다.

이때는 실로 나에게 운명적인 순간이었다. 내가 그 순간의 무서움을 알았다면 닭장 앞에 그대로 서 있기만 하면 되었을 것이다. 현관에는 낯모를 사나이가 서 있었다. 한눈에 그가 무서운 사람이라는 걸 느끼었다.

나는 순간 몸을 돌리려 했으나 이미 때는 늦고 말았다. 그 사나이는 제 친구처럼 부드럽게 미소까지 지으며 한 손을 흔들어 나를 불렀다.

"양말 신으시오."

사나이는 명령하듯 말했다. 그의 눈초리는 매섭게 빛나고 있었다.

"왜 그래요? 이 사람은 죄가 없어요."

어머니가 말씀하였다. 사나이는 들은 둥 만 둥이었다. 그때에 아내가 부엌에서 나왔다. 그녀는 아래 윗방 칸막이 사이에 선 채였다. 올 것이 온 것이로구나 하듯이 그녀의 표정에는 어떤 체념 같은 게 나타나 있었다. 한마디의 말도 하지 않았다.

"너무 걱정 말아요."

나는 아내에게 무척 말을 하려고 했지만 그런 틈을 가질 수 없었다. 나는 벽에 걸린 철 지난 춘추복을 입고 나왔다. 문 밖을 나서니 사나이는 두 손을 내밀라고 했다. 두 손을 내미니 포승을 꺼내어 읽어매었다.

골목길에서 큰 길가로 나가니 그곳에도 어느 중년의 사나이가 연행되고 있었다. 그 사람은 묶이지 않고 있었다.

"자 갑시다!"

형사가 명령했다. 그때 중년의 사나이는 가지 않게 해 달라고 애걸했다. 그러나 형사는 눈을 부라리면서 중년 사나이의 등을 밀었다.

어머니가 내 뒤를 따랐다. 아내는 길 위에 선 채로 있었다. 어머니는 이제는 아무런 말씀도 하시지 않았다. 지서에 들어서니 사복을 한 경관이 책상 앞에 앉아 있었다. 나는 그 경찰을 잘 알고 있다. 그 사람은 전에 나와 한 직장에 있었던 사람이었다. 그 사람은 옛날 그대로의 얼굴이었으나 지금은 안경을 쓰고 있었다. 그는 실내에 들어서는 나를 본체 만체 차가운 표정을 지었다.

그에게 인사를 했지만 받지 않았다. 포승은 실내에 들어서자 풀어 주었다. 어머니는 사건이 심각하다는 걸 느끼셨는지 나를 연행한 형사를 잡고 애걸하면서 그를 몹시 심하게 흔드는 바람에 형사는 쩔쩔매고 있었다.

그래서 형사는 바로 밖으로 나가버렸다. 나와 같이 연행된 사나이의 부인인 듯한 여인이 문 밖에서 서성거리고 있었다. 그 여인은 젊었고 예쁜 용모였다. 그 여인은 이윽고 실내에 들어와서 옆에 낀 책보에서 사나이의 옷을 내주었다. 사나이는 노동복을 벗고 새 옷을 갈아 입었다.

그곳에서 나는 몇 시간이고 기다려야 했다. 저녁때가 되어 다시 두 사람이 잡히어 왔다. 그중 한 사람은 나의 친구인 의사였다. 그는 의사였지만 시도 쓰고 있었다. 그는 동경 유학 시절에 감옥살이 경험이 있었다. 무슨 학생 사건에 연루되어 일정시 감시 인물이었다.

지서를 떠나 경찰서로 출발할 적에는 황혼이 짙어 갈 무렵이었다. 거리에는 거의 사람의 그림자가 눈에 띄지 않았다. 경찰서에 들어서자 일행은 유치장이 아니라 넓은 강당에 수용되었다. 그 강당에는 이미 수용된 오십여 명이 앉아 있었다. 밤이 되어서 취조가 시작될 것이라고 하였으나 아무도 취조받은 사람은 없었다.

실내는 등화관제로 촛불 두 자루만이 켜져 있었다. 출입문에는 애숭이 경관 한 사람이 앉아 실내에서 떠드는 이야기 소리에 따라 웃고 있었다. 이야기는 모두가 옛날 이야기였다.

우리 중에는 이야기도 잘 하고 사람들을 잘 웃기는 사나이가 있었다. 그 사람은 무슨 단체에서 활약했다는 걸로 끌려온 사람이었다.

그는 심한 경상도 사투리를 쓰고 있었다.

"그러했당꽁. 그러했당꽁."

그는 말 끝을 맺을 때마다 이런 사투리를 씀으로 해서 사람들을 웃기게 했다. 그 이튿날에도 그대로였다. 사식도 받아 주었다. 변소 출입도 자유로웠다. 사식을 갖고온 가족들도 만나게 해 주었다.

"곧 나가리다. 너무 근심 말아요."

"그저 있어 봐요."

"아들이 아버지가 없다고 울고 있어요."

저녁식사 무렵에는 어머니가 오셨다. 어머니는 새 옷으로 갈아입고 있었다. 그러나 저녁때에는 이야기할 기회를 주지 않았다.

감방으로 옮긴 것은 그날 밤이었다. 나는 옆에 있던 의사에게 물었다.

"좀 이상하지 않나?"

"나도 그걸 생각하고 있어. 아무래도 우리를 그냥 두지는 않을 것이야."

"만약에 전황이 불리하다면?"

"바로 그 점이야. 우리는 가련한 미끼가 된 셈이지."

그러고 보니 경찰의 언동도 갑자기 거칠어졌다. 변소에 가는 것도 이야기하는 것도 금지되었다.

"앞을 보지 마!"

그날 밤 유치장으로 옮겨지자 바로 이런 명령이 내렸다. 유치장에서는 볼 것은 없고 간수밖에는 바라볼 게 없었다. 간수는 잔뜩 얼굴을 찌푸리며 화를 내고 있었다.

"일어섯!"

간수는 기어코 소리쳤다. 그리고는 명령하였다.

"뒤로 돌아섯!"

뒤를 돌고 보니 사실 답답한 일이었다. 뒤에는 벽만이 가로막혀 있었다. 게다가 이야기는 한마디도 할 수가 없었다. 이윽고 견디다 못 해 앞을 훔쳐보는 사람이 생기었다. 어느새 모두 앞을 곁눈질하게 되자 간수도 더 이상 버티지는 못했다. 간수는 내 옆 의사와는 아는 사이인 듯했다.

"감기에는 무슨 약이 좋을까요?"

간수는 창살 앞에 바짝 다가서더니 의사에게 물었다.

"그럼 좋은 수가 있어요. 우리 집에 미제약이 있으니 가 보세요."

그러자 간수는 힐끔 저편 출입구에 눈을 돌리더니 담배에 불을 붙이어 의사에게 주었다. 의사는 담배를 들고 뒷간께로 갔다. 그러자 그의 뒤를 따르는 사람이 많았다.

"여보, 한 모금만 주."

의사 옆에 머리를 대고 기다리는 사람도 있었다.

밤이 되었다. 밤 공기는 차가웠다. 나는 양복 윗도리를 걸 데가 없어 창살 사이에 걸쳐 놓았는데, 곧바로 간수에게 발각되었다. 간수는 그것을 빼앗아 갔다.

나는 걱정이 되었다. 그것은 밤에 잠잘 적에 덮어야만 되기 때문이다.

간수는 그 윗도리를 저편 구석 신장 속에 넣으려다가 무슨 생각에선지 돌려주며 말했다.

"여기가 어딘지 분간 못하는 모양인데 정신 차리라구."

감방살이 사흘째 날이었다. 권총을 허리춤에 청처짐하게 찬 장교가 감방에 들어섰다. 그의 뒤에는 서장인 듯한 사람도 따르고 있었다. 장교는 검은 눈을 희뜩희뜩 굴리면서 창살 안을 들여다보았다.

"허허, 여기에 공산명월도 있었군."

장교는 대머리인 어느 사나이 앞에 발을 멈추면서 말했다. 그는 동물원 구경이나 하듯 창살에 바짝 붙어 대머리를 신기한 듯이 노려보고 있었다. 장교 일행은 감방을 나갔다. 장교가 막 감방 출입문을 나가려고 할 때에 간수가 그에게 무엇인지를 묻고 있었다.

그리고는 장교의 대답에 간수는 눈을 크게 뜨며 놀라고 있었다. 그것은 나에게 무서운 충격을 주었다. 나는 그때 바로 옆에 앉아 있는 의사의 의견을 물었다. 이때 의사는 대답 대신 풀이 죽어 고개를 숙이고 무엇인지 생각에 잠기는 듯했다.

감방 안에는 십칠팔 세가량의 소년이 있었다. 무엇 때문에 들어온 것인지 알 수가 없었지만 시일이 흐름에 따라 소년의 얼굴이 말이 아니게 수척해졌고 눈빛이 유달리 빛나고 있었다.

그 소년은 늘 일어서려고만 했다. 서서는 몸을 내젓기도 하고 손을 높이 뻗기도 했다.

"앉아라, 앉아. 혼난다."

여러 사람이 이렇게 소리를 치면 소년은 마지못해 앉는 것이었다. 나흘째가 되는 날 저녁때였다. 갑자기 출감 명령이 내렸다. 그러나 그것은 출감이 아니었다. 감방을 나서자

"머리 숙여!"

하는 날카로운 소리가 들렸다. 근 백여 명이 넘는 수감자는 경찰서 뜰 위에 모였다. 머리를 숙이라는 호령에 모두 땅바닥에 주저앉아 고개를 땅에 닿도록 숙였다. 그 순간 노동자 차림의 중년 사나이가 일어섰다. 그는 일어서면서 외쳤다.

"나는 죄가 없어요. 아들의 죄를 내가 대신할 수는 없지 않아요?"

"무어라고?"

총을 든 경관이 물었다.

"아들을 붙잡아 올 테니 놓아주시오."

그러자 그 경관은 저편으로 가서 자기 상사인 듯한 사람에게 상의하고 있었다. 이윽고 그 경관은 돌아와서

"당신, 나와!"

하였다. 일행은 트럭에 오르게 되었다. 트럭 앞뒤에는 총 끝에 칼을 꽂은 경관이 삼엄하게 지키고 있었다. 이미 사방은 어슬어슬 어두워지기 시작할 때였다.

길가에는 일행을 간간이 쳐다보는 사람들이 있었다. 나는 그때 길가의 그 사람들이 무척이나 부러웠다. 설령 자유의 몸만 될 수가 있다면 거지가 되어도 좋을 것 같았다.

나의 손을 더듬어 쥐는 사람이 있었는데 그 손은 몹시 바르르 떨고 있었다. 부드러운 촉감이었다. 나는 그 손목의 주인공을 잘 알고 있다. 그는 나의 단골서점 주인이었다.

트럭은 형무소에 도착했다. 그러나 트럭은 형무소 뒷담으로 방향을 바꾸었다. 수감을 한다면서 왜 뒷길로 도는 것일까. 아마도 형무소 뒤에서 죽이는 것이 아닐까.

입은 굳게 다물렸고 전신은 사시나무 떨리듯 덜덜 떨리었다. 나의 모든 것은 죽음이란 것에 초점이 맞추어졌다. 나의 손을 더듬던 그 손이 또다시 나의 손을 잡았다. 그 손 끝은 더 심하게 떨리고 있었다.

사방은 아주 어두워졌다. 차는 서서히 가다가 멈추었다.

"내려! 움직이면 쏜다."

일행은 명령에 따라 차에서 내려서는 담벽 옆에 두 줄로 쪼그리고 앉았다. 여기서 죽이는가 보다. 목을 척척 쳐 버리든지 또는 탕탕하고 한 방씩 데숙이를 쏘든지, 그렇게 되면 그뿐이 아니겠는가. 그러나 그 순간 삐그덕하고 형무소 후문이 열리었다.

"뒷사람은 앞사람의 어깨를 잡아!"

일행이 후문으로 들어갈 때에 이런 명령이 내렸다.

"신을 벗어!"

일행은 신발을 들고 큰 강당 같은 곳으로 들어갔다. 몹시 어두웠다.

"모두 그 자리에 누워!"

이런 소리에 이어

"이 자식, 못알아 들었나."

누구인지 철썩 얻어맞는 소리가 들리었다. 모두 마루판에 누었다. 사지는 떨리었으나 약간 안심은 되었다. 그러나 안심이 되는 것도 잠깐일 뿐 어떻게 죽일 것인지 그것을 모르기 때문에 더욱 불안 속으로 빠져 들어갔다.

살아 있으면서도 산 것 같지 않았다. 누워있는 서편 유리창 너머가 훤하게 내다보였다. 그러나 하늘은 구름이 무섭게 끼어 있었다. 얼마 안가서 다시 명령이 내렸다.

"일어섯!"

나는 이때 옆에 서 있는 의사를 불러 보았다.

"여보게?"

"응."

그뿐이었다. 할 말은 아무 것도 없는 것이다. 그저 부르고 싶을 따름이었다. 또다시 떨리기 시작했다. 이제는 진짜 죽이는 게 아닌가. 두 줄로 문 밖을 나섰다. 전혀 분간할 수 없는 뜰이었다.

뜰을 지나 들어간 곳은 형무소 본관 낭하였으나 그곳을 잠시 걷다가 감방 안으로 들어갔다. 내가 들어간 곳은 제2동 20호실이었다. 내가 들어간 감방에는 스물두 명이 수용되었다. 이제는 살았다는 생각에 겨우 안도의 한숨을 내쉬었다.

밥이 들어왔다. 보리밥이었다. 둥글게 뭉친 밥덩이었다. 돌이 자주 씹혔다. 반찬은 새우젓 한 가지였다. 밥을 먹었으나 물이 들어오지 않았다. 몇 시간을 심신이 바짝바짝 탄 데다가 목메인 밥을 먹었으니 갈증은 극도로 심했다.

이곳저곳에서

"물! 물!"

하고 외쳐 대고 있었다. 그러나 아무런 반응이 없었다. 몇 번이고 패통을 쳤다. 이렇게 목이 타고서야 죽는 것이나 다를 바 없는 것이다. 그중 중년의 한약방 주인은 입술을 부들부들 떨고 있었다.

그는 "물! 물! 물!"

감방 안에서는 갑자기 이 소리가 일제히 합창처럼 흔들렸다. 그때서야 간수가 나타났다.

"목이 타 죽겠습니다."

"살려주시오."

"죽이려거든 그냥 죽이시오."

하는 등 한때 소란이 있고서야 이윽고 물주전자가 들어왔다. 그러나 그것은 서너 사람이 마시면 족할 정도의 물이었다.

"그만 마셔라!"

"다 마시지 마."

뒤에 있는 사람들이 외쳤다. 그러나 맨 앞에 앉은 사람들은 주전자를 입에 대고서는 갈증이 다 풀릴 때까지는 떨어지지 않았다.

"그만 그만."

그러나 입에서 주전자를 떼지 않자 옆 사람이 힘껏 잡아채었다. 물 주전자는 곧 바닥이 났다. 또다시 물 주전자가 들어왔으나 여러 사람의 갈증을 풀기에는 너무나도 부족했다.

잠잘 시간이 되었다. 잠자리 다툼이 벌어졌다. 비벼 대어도 두어 평 남짓한 마루판에 스물두 명이 누울 도리가 없었다. 누울 자리가 없어 그저 앉아 있는 사람도 있었다. 눕고 보니 몹시 악취가 풍겼다. 고개를 들고 보니 머리 위에 바로 변기가 있었다.

등에서도 땀이 줄줄 흘러내렸다. 마루판을 만져 보니 물기가 끈적끈적하다. 옆에 누운 나이 어린 소년이 손수건을 빙빙 돌렸다. 그러면 좀 시원했다.

"청년은 어찌 들어왔소?"

나는 물었다.

"무슨 청년동맹이라는 긴 이름을 가진 단체에 가입했다는 게지요."

"왜 단체 이름도 똑똑히 모르면서 들어갈 수가 있어요?"

"친구의 권유에 그럴싸해 보이기에 가입한 것인데, 그렇게 되리라고는 생각지 못했습니다."

자는 둥 마는 둥 날이 새었다. 점검이 있었고 밥이 들어왔다. 맨 앞에 앉은 은행 사장 같기도 한 뚱뚱보 신사에게 밥 두 덩이가 배달 되었다. 그는 밥을 나르는 사나이가 전에 자기집 고용인이라고 했다.

식사가 끝나고서는 바로 심심풀이 이야기 보따리가 쏟아져 나왔다.

"내가 해방 후 일본에서 돌아올 때의 이야길세."

이렇게 이야기를 꺼낸 것은 구둣방을 한다는 사람이었다.

"일본 북해도에서 배를 타고 돌아오는 길인데 우리가 탄 배가 고오베 가까이에 이르러서 난데없이 쾅하고 폭발하는 소리가 들린 거야. 그때에 일본놈들이 보트를 타고 잽싸게 도망하는 것을 보고서야 놈들의 행패라는 것을 알게 됐지.

배는 삽시간에 기울어지기 시작했어. 배 안에는 귀국하는 한국인만 남녀노소 합쳐 백여 명이 넘었지. 배가 기울어지자 모든 사람은 기울지 않은 배 난간쪽으로 몰리기 시작했어. 그러자 그 배 난간은 사람의 무게에 지탱치 못하고 뚝 부러져 버리니 사람들은 비로 쓴 듯이 우수수 바다 속으로 떨어져 버렸던 거야.

그때 나는 고오베 쪽으로 헤엄치기 시작했지. 고오베 쪽에서는 불빛이 반짝이고 있었어. 뒤를 돌아보니 두어 사람이 나의 뒤를 따르고 있더군. 한참 헤엄치다가 뒤를 돌아보니 그들이 보이지 않았어.

나는 더 이상 헤엄칠 수가 없게 될 정도로 사지가 축 늘어지고, 웬 놈의 잠은 그렇게도 쏟아져 오는 건지 견딜 도리가 없었던 거야."

그 순간 좌석에서 폭소가 터져 나왔다. 이 이야기는 때마침 그 근방을 지나던 어선에 의해 구사일생으로 구조되었다는 걸로 끝났지만 그는 이 이야기 끝에 이렇게 덧붙였다.

"그렇게 일본놈 밑에서 살아온 우리들인데 죽이려 들어. 흥, 안 될 일이지."

그 사나이는 말을 마치는 것과 동시에 벗어붙인 그의 가슴을 철컥하고 주먹으로 쳤다. 그러나 그의 주먹질하는 거동이 우스워서 여러 사람이 와르르 웃었다.

그 이야기를 들으면서 나는 속내의에서 가랑이를 잡고 있었다. 이를 잡는다는 것은 여간 재미나는 게 아니었다. 이 사냥은 매일 하건만 더운 날인데도 하룻밤만 지나면 똑같은 양이 되었다. 그놈은 왕이는 없고 모두가 가랑이었다. 그 이야기가 끝이 나자 다음에는 다른 사나이가 나섰다. 삼십 정도의 사나이로 그는 상반신을 흔들흔들하면서 한시도 가만있지를 못했다. 그는 늘 큰 눈알을 부리부리하게 굴리고 있었다. 방금전 이야기를 끝낸 사나이와 이 사나이는 여러모로 같은 점이 많았다.

성질은 사납고 몸을 흔들며 잘 웃어 대고 떠들고 설쳐 대고, 그들은 여러 사람들에게 사양을 한다든지 눈치를 본다든지 그런게 전혀 없었다. 그러나 그들은 절망 속에 빠져 있는 사람들에게 간간이 용기를 주는 역할을 해 주기도 했다.

두 번째 이야기는 일본 유학을 한다는 게 기실은 뽕나무 밭에서 주인집 딸과 세월을 보냈다는 이야기였다. 이 이야기는 흥미를 끄는 것이어서 나이 먹은 사람들까지도 귀를 기울이고 있었다. 이런저런 이야기가 계속되는 한편에서는 파리놀이를 하는 사람도 있었다.

그것은 파리를 잡아 파리 등을 가는 꼬챙이로 꿰어 벽 틈에 박아두고 파리 발목에 종이 나부랭이를 동그랗게 만들어 주면 그 파리는 온종일 그 동그라미를 돌리는 것이었다.

변소 휴지를 가진 사람이 있을 리 만무했기에 이제는 입고 있는 내의 귀퉁이를 찢어 사용하는 사람이 생기었다. 그런 판에 그날은 어찌된 셈인지 휴지 한 뭉치가 들어왔다.

나는 그것을 나눠받아 그중 한 장을 접고 접어 종이배를 만들었다.

"배가 간다. 통 통 통."

첫째 아이 소리가 들리었다.

"아버지, 나도 배 만들어 줘."

다음에는 둘째의 소리가 들리었다. 나는 어느덧 눈앞이 흐리어졌다. 나의 뇌리에는 늘 죽음의 그림자가 떠나지 않고 있었다. 그 그림자는 늘 멀어졌다가는 가까이에, 가까워졌다가는 멀리 오락가락하는 것이어서 그 환각은 나를 병자처럼 만들고 있었다.

나는 옆에 앉은 사람과 마령서 이야기를 하였다. 그는 일본 농대를 나왔다고 했다. 그는 마령서 이기작에 암모니아를 주면 효과를 낼 수 있다고 하였다. 그는 돗수 높은 안경을 쓰고 있었다. 그러나 그의 몸에서는 노린내가 머리가 아플 정도로 심하게 풍기고 있었다. 이 사나이는 웬일인지 여러 사람과 어울리지 않았다. 어딘지 모르게 우월감 같은 것을 코끝에 달고 있는 듯한 그런 인상을 주었다.

그날에는 간수들이 나타나는 횟수가 줄었다. 그것이 길조인지 흉조인지 알 길이 없었다. 그날 저녁밥 반찬에는 조기 가시만이 나왔다. 젓을 담가둔 것이 푹 삭아 버려 가시만 남은 것을 내놓은 듯했다. 그날 저녁밥을 막 받으면서 감방 사람들이 불려 나가기 시작했다.

간수가 한번 오면 이 감방 저 감방에서 합쳐 댓 명씩 불려 갔다.

"석방이다."

젊은 패들이 소리쳤다. 그러나 불려 간 사람들은 오 분이 다 못되어 돌아왔다. 돌아온 그들은 모두가 안색이 변해 있었다. 겁에 질렸을 때 볼 수 있는 그런 표정이었다.

"무어라고 합디까?"

"별로 묻는 게 없어요. 주소 이름 외에 무슨 단체 들었느냐, 그것뿐이야."

"남로당이니 하는 그런 것 말이군?"

"그거요."

또 한패가 불려 나갔다. 그들은 더 빨리 돌아왔다. 그중 부면장을 지냈다는 사나이가 이런 말을 했다.

"나보구 면장이 아니냐구 윽박지르는 거야. 그러나 아니라고 했지. 그랬더니 그 녀석이 몽둥이로 후려갈길 채비를 하는 게 아냐. 그 순간 가만히 생각해 보니 면장이나 부면장이나 한 가지가 아니냐. 저놈한테 두들겨 맞을 것 없이 면장이라고 해주자. 그래서 면장이라고 했지."

부면장의 말이 끝나는 순간 좌석에서는 폭소가 터져나왔다.

"감투는 형무소 안에서 쓰는 게 맛인가!"

"쓰기 싫어도 할 수 없이 쓰는 감투도 있거든."

나는 맨끝머리에 불려 나갔다. 나는 저녁밥이 도무지 먹히지 않았으나 들었던 밥덩이를 다 먹고 배를 든든히 했다. 옷도 때 아닌 춘추복까지 껴입었다. 아무래도 그들과 실갱이가 벌어질 것 같았다. 그래서 배도 채우고 맞을 각오로 옷도 두둑히 입자는 생각에서였다.

감방을 나오니 낭하에는 이미 댓 명의 수감자가 서 있었다. 어둠이 한 겹 두 겹 기어들고 있었다. 취조실 앞에 다다라서는 그 앞에 쪼그리고 앉게 했다.

취조실에는 한 사람씩 불리어 들어갔다. 그들은 들어가기가 바쁘게 나왔다.

나의 차례가 되었다. 취조실에 들어서니 안경을 쓴 얼굴이 흰 헌병과 그의 부하인 듯한 살색이 약간 검은 사나이가 긴 책상을 펴 놓고 저편에 앉아 있었다.

그 책상 앞은 마루판이었고 그 마루판 옆으로는 다다미가 깔려 있었다.

"너는 문학가 동맹원이지?"

"아닙니다."

"너는 서울 문학가 동맹원 김만선이와 결탁해서 대전에 그 지부를 만든 게 아닌가?"

"아닙니다. 김만선이 그런 사람이라는 것을 나는 전혀 모르고 있었습니다."

그때 취조관은 책상 위의 조서를 다시 눈을 바짝대고 들여다보다가

"거짓말 마. 여기에 네 사실이 다 적혀 있어."

하고는 순간 허리춤에 찬 권총을 빼들더니 여차하면 죽이겠다는 위협을 하였다. 그러나 나는 완강히 거부했다.

"죽어도 그런 일 없었습니다."

그러자 그는 긴 책상을 돌아 내 앞에 다가와서는 구둣발로 등, 머리, 팔, 다리 등 닥치는 대로 찼다. 나는 고슴도치처럼 동그랗게 허리를 구부리고 조금이라도 덜 맞을 태세를 갖추었다. 나는 취조관이 시원하다고 느낄 만치 맞았다. 그도 무척 힘이 들었던지 식식거리고 있었다.

취조관은 제자리로 돌아가서는 지면에 무엇인지 기록하더니 내 앞에 내밀고 서명을 하고 지장을 찍으라고 했다. 그러나 그 글은 잔글씨에 내갈긴 것이어서 알아볼 수가 없었다.

나는 취조자 하라는 대로 했다. 취조실을 나왔다. 두 다리가 떨리어 걷기가 힘들었다. 낭하에서 일행이 모두 나올 때까지 기다려야만 했다. 나는 그 자리에 주저앉았다. 그때 나는 눈앞의 시멘트바닥 위를 기어가는 개미 한 마리를 보았다.

나는 그 개미의 가는 길을 손가락으로 가로막았다. 그러자 개미는 손가락을 피하여 옆으로 기어가고 있었다. 그것을 또 막았다. 여기 다른 길로 빠져 나가고

있었다. 나는 개미에게서 손을 떼면서 중얼거렸다.

"나는 차라리 자유로운 네 신세가 부럽구나."

나는 다시 중얼거렸다.

"내가 무엇을 잘못했기에, 내가 무슨 죄를 지었기에, 나에게 무슨 원한이 그렇게도 사무쳤기에."

그때 멀리서 피아노 소리가 들여왔다. 그것은 먼 곳이 아니라 가까이에서 들리는 소리였다.

제2동 20호실 감방 안 스물두 명의 안면에는 암담한 기색이 역력히 나타났다. 만약에 석방이든 수감이든 양단간 결판이 있기 위해서는 더 심각한 심문이 있었어야 할 게 아니냐 하는 것이 공통의 의견이었다.

그렇다면 그 취조란 무엇을 의미하는 것이며 적어도 나의 취조만은 왜 그렇게 실망스러웠던 것인지 알 수 없는 일이었다. 그 취조에 대해 몇 사람은 소근거리고 있었다.

잠시 후 저편 구석에서 이야기 보따리가 또 터져 나왔다. 이어 킥킥거리는 웃음소리가 새어나왔다. 이 웃음소리는 전염병처럼 퍼져 삽시간에 여러 사람의 마음을 훈훈하게 적시어 주었다. 숨막힐 듯한 어둠이 차츰차츰 감방 안에 기어들었다. 그때였다. 멀리에서 수감자의 호명소리가 흔들려왔다. 간수가 호명하면 수감자는 '예' 하고 소리높이 대답했다.

"어두워져 가는데, 무슨 일일까?"

나는 그때 옆 의사에게 물었다.

"아마 죽이는가 보오."

"죽여?"

"석방이란 밤에는 없는 일이야."

"이감 같은 것도······."

"정신 나간 소리 말아. 이 전시에 이감이 있을 수 있겠어?"

의사는 이 말을 얼굴 표정 하나 변치 않고 하였다. 나는 순간 의사는 무서운 사람이라고 생각했다. 그러나 나 자신은 지금 전신을 달달 떨고 있는 것이 아닌가. 감방 안은 컴컴한 가운데 죽은 듯이 조용했다. 그 호명소리는 간간이 틈을 두고 계속되었다. 핏발선 눈동자만이 이곳저곳에서 반짝였다. 감방 뒤 유리창문이 갑자기 훤해졌다. 달이 떴기 때문이다. 밤이 깊어 가면서 여러 사람은 목이 탄다고 소리쳤다. 패통을 몇 번이고 쳐 보았지만 반응이 없었다.

"무언가 다급해진 모양 아니야?"

나는 실심하고 고개를 숙이고 있는 의사에게 물었다.

"그런가 봐. 다 된 모양인데 그러나……."

"죽인다는 거야?"

의사는 대답 대신 눈을 감았다.

마침 식사가 끝나고 나서 겨우 한 시간이 넘어서였다. 다시 점심식사가 들어왔다. 점차로 감방 안 모든 사람은 죽느냐 사느냐가 눈앞에 다가온 것을 느낄 수가 있었다. 점심식사는 먹을 수 없을 정도의 돌밥이었다.

이제는 최후로 죽음의 준비를 갖출 때가 되었다고 생각했다. 나는 가족들에게 마지막 고별 인사를 혼자서 하였다.

"나를 너무 원망하지 마시오. 당신에 대해 한이 되는 게 있다면은 당신의 청춘을 단 한 번도 꽃 피우지 못하게 하고 시들게 한 것이오. 그러나 모든 것을 오락가락하는 뜬구름인 양 생각하고 사는 데까지 살아 보시오."

이러한 아내와의 고별에 이어 이번에는 아이들과 고별할 차례였다. 국민학교에 다니는 딸, 여섯 살 난 아들에겐 엄마와 할머니의 말씀을 잘 들으라고 하였으며 그 다음 둘째에게는 아버지는 이제 너와 함께 잠자리를 못하게 되었으니 잠을 자다가 깨거들랑 아버지 대신 할머니를 찾으라고 하였다.

다음에는 어머니에게 인사할 차례였다. 나는 어머니를 불렀다. 그러자 그 순간 눈물이 흘러내렸다. 육십 평생을 나 하나를 위해 살아오신 어머니를 두고 나는 가는 것이다.

"어머니, 불효 자식을 용서하세요. 제가 죽거들랑 그저 원수같은 놈이라고 용서하세요. 그래도 잊혀지지 않거들랑 조용히 꿈과 같이 저의 뒤를 따라오세요."

가족들에게 대한 고별 인사가 끝이 나자 그때부터는 죽음의 준비에 들어갔다. 점심후 나는 꾸벅꾸벅 졸고 있을 때였다. 갑자기 감방 안이 떠들썩했다. 눈을 번쩍 뜨고 보니 간수가 누구인지를 부르고 있었다.

간수가 부른 사람은 나와 가까이에 앉은 사람이었다. 그 사나이는 윗도리를 들고는 바로 뛰다시피 밖으로 나갔다.

"석방이다!"

모든 사람은 나가는 사람의 등 뒤를 부러운 듯이 바라보고 있었다. 그러나 그 날 저녁 다시 나가는 사람은 없었다. 석방된 사람은 이북사람이었다. 그러나 삼사일 전에 들어온 그 사나이의 정체를 아는 사람은 아무도 없었.

저녁식사 시간이 지났지만 식사는 들어오지 않았다. 어두운 장막이 내릴 때까지도 아무런 인기척은 없었다. 여러 사람은 꼬박꼬박 무엇인지를 기다리고 있었다.

그렇게도 많던 이야기 보따리도, 킬킬대던 웃음판도 이제는 사라져 버렸다. 간수의 호명 소리가 갑자기 바로 옆 감방에서 흔들려왔다. 그것은 우리를 몸서리치게 만드는 소리였다. 일단 호명이 끝나고서는 잠시 두런두런하는 소리가 들려올 뿐이었다.

아, 지금 이곳을 기적적으로 빠져나갈 수는 없을까. 단 한 번만의 기적이. 나는 생각했다. 만약 살게만 해 준다면 한평생을 이 감방 안에서 감옥살이를 해도 좋으리라. 나는 도망갈 곳은 없을까 하고 감방 주위를 둘러보았다. 나는 내가 앉은 마루판을 뚫었으면 하고 생각해 보기도 하였다.

그러나 그것은 두꺼운 마루판으로 뗄 재간이 없는 것이다. 다음 천정을 살펴본다. 그러나 그 천정은 두 길이 넘는 높은 곳에 있었다. 그리고 천정 한구석에는 조그만 공기창이 뚫려 있을 뿐이었다.

그곳에는 바늘귀만 한 도망갈 틈새도 없었다. 그저 죽음만이 바짝바짝 다가들 뿐이었다. 나는 이제는 조용히 죽을 각오를 하였다. 나는 감방 뒤 창문 너머로 억만리 끝까지 펼쳐진 창공을 바라보았다.

달빛에 희미한 창공이 어둠의 저편 끝까지 나의 시야에 들어왔다. 내가 죽을 때에는 저 넓고 넓은 하늘을 바라보면서 죽자. 털끝만 한 잡념도 모두 털어 버리고 저 하늘처럼 텅빈 마음으로 허무로 돌아가자.

덜커덕 감방문이 열렸다. 이제는 모든 것에 종말을 고할 때가 돌아온 것이다, 호명이 시작되었다. 그것이 끝이 나자

"열 사람씩 나와!"

이런 명령이 내렸다. 그때 나의 앞에 앉아 있던 나이 어린 소년이 나의 손목을 덥석 잡았다. 그 손목이 부들부들 떨리고 있었다. 앞에서부터 열 사람씩 순한 양처럼 고개를 숙이고 나갔다. 감방을 나간 사람들은 두 사람씩 손을 뒤로 틀어 밧줄로 묶이었다. 그리고는 어느 곳인지 끌려갔다. 나머지 열두 사람도 문 앞에 대기케 했다.

그제서야 비로소 확실히 죽인다는 것을 깨닫게 되었다. 나는 그 순간에도 죽음의 공포를 잊고 생에 대한 집착을 잊기에 필사적으로 애썼다. 조용히 조용히 그리하여 저 사선을 넘어 뛰자. 이 결단에는 필사의 노력이 필요했다.

다시 감방문이 열리었다. 그때 내가 앉아있던 위치는 감방 앞 출입문 반대편인 간수가 망을 보는 창구가 있는 벽 구석이었다. 나는 옆 사람을 따라 일어서려 했다. 그러자 일어서려는 순간 무릎이 저리어 일어설 수가 없었다. 이렇게 무릎이 마비되는 것은 오래전부터 간혹 일어나는 증세였다. 이런 마비는 감방에 들어오면서부터 갑자기 심해졌다. 나는 겨우 일어서기를 하였지만 한 발자국도 옮길 수가 없었다. 그때였다.

"탕."

하고 감방문이 닫치었다. 그때는 이미 모든 사람이 나가 버린 뒤였다. 나는 어리

둥절했다. 나는 그 자리에 주저앉았다. 사람이 밀려서 그러는 걸까, 그렇지 않으면 혹 착오일까. 과연 어떤 것일까. 나는 처음에는 전자로 해석했으나 잠시 후에는 후자라고 생각했다.

과연 어떤 것일까. 일 초 이 초 삼 초, 그것의 귀결은 시간에 달려 있는 것이다. 사 초 오 초 육 초.

'나는 십 분만 지나가면 산다. 아니 오 분만 지나가도 살 수 있다.'

일 분 이 분 삼 분 사 분, 나머지 일 분만 무사히 가거라. 좀 빨리 가거라. 나는 머릿속에서 이것을 계산하고 있었다. 무섭게 울부짖는 시간이다. 소름이 끼치는 시간이다. 아, 무서운 시간이다.

이빨을 악물었으나 턱이 흔들렸고 단단히 들켜 쥔 두 주먹은 쥐어도 쥐어도 시원치가 않다. 얼마 동안의 시간이 흘렀다. 그 속에서도 졸음이 왔다.

나는 꿈을 꾸었다. 나는 감방 안에 혼자 앉아 있었다. 감방은 캄캄한 암흑 속이었다. 돌연 감방문이 활짝 열리었다. 그 순간 눈부신 광선이 담뿍 실내에 반사되었다. 나는 문 쪽을 바라보았다. 그곳에는 아내가 흥분한 얼굴로 나를 바라보고 있었다.

아내는 말없이 성급하게 손을 흔들었다. 빨리 나오라는 신호였다. 그리고는 꿈은 깨었다.

텅 빈 감옥을 내가 빠져나온 것은 이틀날 이른 아침이었다. 텅 빈 형무소를 나와 앞길에 나서자 나는 흙 한 움큼을 쥐어 보았다. 그 흙은 기나긴 세월 이 세상을 떠나 있다가 처음 만져 보는 흙 같았다. 그것은 내가 밟고 있는 흙뿐이 아니었다. 눈앞에 보이는 모든 것에 희열이 넘쳐 흐르고 있었다.

나는 큰 길을 피하고 골목길을 걸었다. 그래야만 마음에 안정을 가질 수가 있을 것 같았다. 골목길에서 빠져나와 대전역 앞 큰 길에 이르렀을 때 나의 눈에 나타난 것은 말 그대로의 인산인해였다. 갑자기 몰린 피난민 행렬은 전황의 급박함을 알려 주고 있었다.

큰길에서 다시 좁은 길로 들어섰다. 우리 집이 가까워진 것이다. 집에 들어가는 골목길에 이르렀다. 멀리 바라뵈는 집 앞에는 어느 노동자 차림의 사나이가 망연히 서 있었다. 그 노동자 바로 뒤에는 분명 아내가 쪼그리고 앉아 있었다. 아내는 땅바닥을 쳐다보고 있었다.

아내는 내가 그의 옆에 서 있을 때까지도 깨닫지 못하고 있었다. 아내는 천천히 고개를 들었다. 나와 눈이 부딪치는 순간 아내는 놀랜 눈으로 나를 바라보았다.

"여보!"

내가 그녀를 부르며 손목을 잡자

"이게 이게……"

하고는 말을 잊지 못하고 눈물만 흘리고 있었다.

"죽었을 당신이 어찌된 일이오?"

이윽고 아내는 이렇게 물었다.

"살게 되었어."

나는 대답을 하면서 집안으로 발길을 옮기었다. 방에 들어서니 울고 있던 둘째가 울음을 그치었다. 그애의 얼굴은 말이 아니게 말라 있었다. 그것은 아이뿐만 아니었다. 아내는 더 심했다.

나는 바로 우물가로 나갔다. 때에 절은 몸은 씻어도 문질러도 미끈거렸다. 몸을 씻는 동안 아내는 마루에 서서 현관문 쪽을 경계하고 있었다. 나는 새 옷으로 갈아 입었다. 그리고는 요를 깔고 누었다.

얼마 후에 학교에 다니는 순이가, 이어서 어머니가 들어오셨다. 어머니는 텅 빈 형무소에 다녀오는 길이라고 했다. 어머니는 그곳에서 얼마나 울었는지 눈 가장자리가 붉어져 있었다. 어머니는 긴 한숨을 쉬시면서 중얼거렸다.

"이게 꿈은 아닌가."

염인수, 「깊은 강은 흐른다」, 도서출판심지, 1989.

생각해 볼 문제

1. 이 글은 한국전쟁 당시 대전의 산내 골령골에서 벌어진 민간인 학살 사건의 생존자인 소설가 염인수가 자신의 체험을 기록한 장편기록소설 『깊은 강은 흐른다』의 일부입니다.

   1-1. '제2동 20호실'의 스토리를 재구성해 봅시다.

   1-2. 소설의 주인공이 대전형무소에 수감된 이유가 무엇인지 찾아 봅시다.

   1-3. 주인공이 집으로 돌아올 수 있었던 이유가 무엇인지 알아봅시다.

2. 이 소설을 읽으며 가장 기억에 남는 장면은 무엇인가요? 어떤 장면이 가장 기억에 남는지, 그리고 그 이유는 무엇인지 이야기해 봅시다.

가장 기억에 남는 장면	
기억에 남는 이유	

3. 대전광역시 동구 낭월동 13번지 골령골은 한국전쟁이 발발한 1950년 6월 28일부터 1951년 초까지 세 차례에 걸쳐서 민간인 학살 사건이 일어난 현장입니다. 짧게는 30m부터 길게는 180m에 이르는 구덩이 8곳을 연결해 1km가 넘는 길이에 학살당한 사람들을 매장했기 때문에 골령골의 학살 현장을 '세상에서 가장 긴 무덤'으로 부르기도 합니다. 산내 골령골 학살 사건과 관련한 다음 설명을 참고하여 전쟁과 역사의 상처에 대해 토론해 봅시다.

- 골령골에서 일어난 민간인 학살 사건은 1999년 12월 16일 미국의 국립문서보관서에 봉인되어 있던 비밀문서가 해제되고서야 세상에 알려지게 되었다.
- 미군 중령 에드워드는 '한국의 정치범 처형'이라는 제목의 보고서와 18장의 사진을 미국에 보내며 이 학살이 '한국 최상부의 지시에 따른 것'이라 기록하였다.

- 2015년 3월, 최소 1,800명에서 최대 7,000명이 희생된 것으로 추정되는 산내 골령골에서 유해 발굴 작업이 시작되었다.
- 전쟁이 발발하자 "대규모 적의 공습이 예상되므로 좌익 극렬분자를 처단하라"는 명령이 대전형무소에 하달되어 전국에서 모인 정치범들과 국민보도연맹원들이 정당한 재판 절차 없이 대한민국의 군인과 경찰에 의해 처형되었다.

정윤선, 〈문영자, 그녀의 이야기〉, 《프로젝트 온 #6: 한반도 분단의 기억》, 2019. 7. 19.~8. 31., 주한독일한국문화원.

4. '산내 골령골 민간인 학살 사건'을 예로 들어 '전쟁과 학살의 기억'에 대한 글을 한 편 작성해 봅시다.

부록

글쓰기 활동

학과: _____　학번: _____　이름: _____

글쓰기 활동

학과: _____ **학번:** _____ **이름:** _____

글쓰기 활동

학과: _____ 학번: _____ 이름: _____

글쓰기 활동

학과: _____ 학번: _____ 이름: _____

글쓰기 활동

학과: _____ **학번:** _____ **이름:** _____

글쓰기 활동

학과: _____ **학번:** _____ **이름:** _____